Gallusplatz
Schwedenweg
Äußerer Stadtgraben
Am Katzenstadel
Unterer Graben
Dom
Rahmgartengäßchen
Volkhartstraße
AUGSBURGER
ALTSTADT
Leonhardsberg
Fuggerei
Barfüßer-
kirche
Perlachturm
Frölichstraße
Rathaus
Stadtmarkt
Oberer Graben
Weberhaus
Holbeinhaus
bahnhof
Fuggerscher
Stadtpalast
Forsterstraße
Hermanstraße
Schießgrabenstraße
Basilika St.
Ulrich und Afra
Märchenorte
Augsburger
Puppenkiste
Rotes Tor
Rote-Torwall-Straße

Michaela Hanauer

Das Augsburger Märchenbuch

Sagen, Legenden und Märchen aus Augsburg neu erzählt

mit Illustrationen
von Gisela Specht

marzellen
verlag

Bibliografische Information der Deutschen Nationalbibliothek
Die Deutsche Nationalbibliothek verzeichnet diese Publikation in der Deutschen Nationalbibliografie; detaillierte bibliografische Daten sind im Internet über http://dnb.de abrufbar.

Umschlag und alle Illustrationen: Gisela Specht
Satz/Layout: Redaktionsbüro Tewes, Köln
Lektorat: Ruth und Detlef Reich, Köln
Druck: Druckerei Florjancic, Maribor, EU

Printed in EU.
ISBN 978-3-937795-93-5

www.marzellen-verlag.de

Inhalt

Es war einmal ...

Die Sagen, Legenden und Geschichten aus Augsburg sind jahrhundertealt und doch zum Greifen nah. Immer wieder wurden sie im Volksmund weitererzählt und irgendwann aufgeschrieben. So zeigen sie eine wunderbare Sagen- und Erzählungswelt über die Jahrhunderte auf.

Einige Schauplätze des „Augsburger Märchenbuches“ könnt ihr auch heute noch besichtigen und dort viel über die Vergangenheit des jeweiligen Ortes erfahren. Am Ende jedes Märchens wird auf einem solchen Pergament erklärt, welche Orte aus den Geschichten ihr euch heute noch anschauen könnt. Jedes Märchen hat sein eigenes Symbol, das ihr auf dem Lageplan im Einband des Buches wiederfindet. So könnt ihr euch selbst auf Zeitreise begeben und den Spuren der Augsburger Geschichten folgen.

Die schöne Singold und der Lech

Augsburg wurde bereits 15 v. Chr. als „Augusta Vindelicorum“ gegründet und war sogar Statthaltersitz der römischen Provinz Raetia, benannt nach dem damals herrschenden römischen Kaiser Augustus. Die Römer hatten in die Stadt nicht nur den Statthalter und ihre Soldaten mitgebracht, sondern auch ihre Sitten und Gebräuche. Dazu gehörte eine straff organisierte Verwaltung ebenso wie ausgedehnte Mahlzeiten, Trinkgelage und die Unterhaltung des Volkes.

Aber auch mit der Hygiene nahmen es die Römer durchaus genau. Sie selbst schätzten den Besuch in einem Bad und selbstverständlich sollte auch die Kleidung sauber und präsentabel sein. Die hochrangigen Patrizier waren es gewohnt, dass Diener oder Sklaven für sie die niedrigen Aufgaben erledigten, ebenso gewohnt waren sie es, zu bekommen, was sie begehrten.

Einst beobachtete ein Centurio das Mädchen Singold, das am Lech Wäsche wusch. Ihre hellen Augen spiegelten das Blau des Wassers und in ihren langen blonden Haaren ließ die Sonne ihr Gold besonders schön glänzen.

Singold war so anmutig und hübsch anzusehen, dass der Centurio sogar das Prandium mit seinem Freund, dem Statthalter vergaß. Wenn ein Römer sogar sein Mittagsmahl ausfallen ließ, dann wollte das schon etwas heißen.

Da er sich den ganzen Tag von ihrem Anblick nicht losreißen konnte, fasste er den Entschluss sie mit zu sich nach Hause zu nehmen, um sie jederzeit wiedersehen zu können. Er sprach sie an, doch sie senkte nur sittsam den Blick und schüttelte den Kopf.

Mit dieser Abfuhr hatte der Centurio nicht gerechnet und gab sich damit nicht zufrieden. Wozu befehligte er schließlich eine ganze Legion? Er ließ

zwei Legionäre antreten und befahl ihnen, das Mädchen zu ihm zu bringen. Keine Gegenwehr und kein Betteln halfen der Singold. Noch am selben Abend wurde sie ins Haus des Centurios verschleppt und in eine kleine Kammer gesperrt.

Von da an hatte sie ihm zu dienen. Der Centurio ließ sie kaum mehr aus den Augen, vor allem verbot er ihr, nach draußen zu gehen. Er wollte verhindern, dass je wieder ein anderer als er sie bewunderte, denn er betrachtete sie als seinen Besitz. Wie eine schöne Vase oder ein Bild an der Wand.

Lediglich die Wäsche sollte sie weiterhin waschen, weil er ihr dabei besonders gerne zusah.

So kam Singold an das Ufer ganz in der Nähe ihres Gefängnisses. Sie erkannte den Fluss, denn es war derselbe, in dem sie auch in der Stadt gewaschen hatte. Und der Lech plätscherte sich zur Böschung nach oben und erkannte sie ebenfalls. Er hatte sie bereits vermisst und sogar nach ihr Ausschau gehalten, weil auch er sich freute, wenn sie da war. Niemals hätte er ihr allerdings deshalb die Freiheit geraubt.

Als sich Singold nun aber zu ihm beugte, um ihre Arbeit zu erledigen, sah der Lech nicht wie sonst sein Spiegelbild in ihren Augen, sondern spürte ihre salzigen Tränen und ihr Unglück.

Wie konnte er helfen? Hätte er sie besser beschützen müssen, als die Häscher kamen? Hätte er die zwei Burschen fortreißen sollen, die sie mitgezerrt hatten? Ach, hätte er nur rechtzeitig geahnt, was sie vorgehabt hatten! Als Fluss konnte er sein Bett nicht verlassen, aber er konnte sie mitnehmen, wenn sie es wollte. Nur war es nicht einfach, mit einem Menschenkind zu sprechen, das die Sprache des Wassers so wenig verstand, wie er die ihre sprechen konnte.

Während Singold beinahe tränenblind den Stoff auf die großen Ufersteine schlug, holte der Lech sich einen Baumstamm heran, der in seiner Mitte trieb. Er ließ ihn bewusst langsam an dem Mädchen vorbeitreiben und hoffte, sie würde die Geste richtig verstehen. Und das tat sie und wollte schon nach dem rettenden Holz greifen, als von oben etwas geflogen kam und sie an der Wange traf.

„Stehe da nicht faul herum! Wenn du fertig bist mit Waschen, komm zurück ins Haus!"

Singold raffte eilig die Wäsche zusammen. Währenddessen wisperte sie so leise, dass selbst der Fluss sie kaum verstehen konnte: „Ich kann nicht mit dir kommen, solange er mich beobachtet. Ich ...", suchend sah sie sich um und hob den kleinen Gegenstand auf, den der Centurio nach ihr geworfen hatte. „... ich werfe dir diesen Pinienzapfen zu, wenn ich mit dir kommen kann."

Sie verbarg den Zapfen unter ihren Gewändern und sprang von dannen.

Der Lech hatte so einen Zapfen noch nie vorher gesehen. In seinem Flusslauf gab es zwar jede Menge Uferpflanzen und Bäume und fast alles landete auf die eine oder andere Art in seinem Wasser, aber diese Form kannte er nicht. Wäre er ein südlicherer Fluss gewesen, der Tiber oder der Padus, so hätte er gewusst, dass er von einer Pinie stammte und seine Kerne in Rom als Spezialität galten.

Das war auch der Grund, warum der Centurio mit viel Mühe einen solchen Baum bei sich im Garten hatte anpflanzen lassen, um jederzeit einen der Kerne verspeisen zu können. Und das hatte er just getan, als er der Singold bei der Arbeit zugesehen hatte.

Indes war es dem Lech völlig egal, woher der Zapfen stammte, er hatte sich die Form jedenfalls eingeprägt. Doch es sollte noch lange Tage dauern, und Singold musste sich noch unzählige Nächte in den Schlaf weinen, bevor sich eine Gelegenheit zur Flucht bot.

Aber als der Kaiser seinen Besuch ankündigte, blieb dem Centurio nichts anderes übrig, als sich an der Spitze seiner Legion zu präsentieren. Eigentlich hätte Singold in der Zwischenzeit in ihrer Kammer eingesperrt bleiben sollen, aber eine der anderen Dienerinnen hatte überhaupt keine Lust, die harte Wäscherinnenarbeit zu erledigen, und schickte die Sklavin, die das sonst auch immer übernahm.

Also schlüpfte Singold eilig hinaus ins Freie. In die Stadt konnte sie nicht fliehen, sie wusste, dort würde der Centurio sie sofort wieder schnappen. Aber sie erinnerte sich an das Angebot des Flusses. So schnell ihre Füße sie

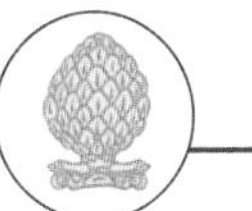

trugen, rannte sie und wog das vereinbarte Zeichen in ihrer Hand. Noch bevor sie das Ufer erreichte, warf sie den Zapfen in hohem Bogen in den Lech. Dann wartete sie mit zitternden Knien.

Es kam ihr wie eine Ewigkeit vor. Hatte der Fluss sein Angebot vergessen? Oder hatte sie es sich in ihrer Not nur eingebildet?

Als sie schon aufgeben und in ihr Gefängnis zurückkehren wollte, strudelte etwas durchs Wasser: ein Stamm, den der Lech mit Bedacht ausgewählt und bereitgehalten hatte. Mit einem Wirbel ließ er ihn herangleiten und für einen Moment innehalten, damit sie ihn zu sich heranziehen und aufsteigen konnte.

Ohne zu zögern, ließ sich Singold auf dem Holz mitreißen, den Flusslauf hinunter. Das Gefühl von Freiheit und Glück, das sie in diesem Augenblick empfand, war kaum in Worte zu fassen. Das musste sie auch nicht, der Lech wusste es auch so. Nun, da sie bei ihm war, konnte er sich sogar mit ihr verständigen.

„Wohin, wohin soll ich dich bringen?“, fragte er.

Aber Singold schüttelte den Kopf: „Kann ich nicht bei dir bleiben? Er würde mich überall finden und hier fühle ich mich sicher und geborgen!“

So viele Häscher der Centurio nach ihr aussandte, gefunden hat er Singold nie mehr. Sie wiederum blieb auch noch, als der Centurio längst nicht mehr war, und je länger sie blieb, desto mehr wurde sie zu einem Wasserwesen.

Lech und Singold verstanden sich gut, sie erzählten sich alles, was es aus ihren Welten zu erzählen gab, schwammen um die Wette und hatten viel zu tratschen und zu lachen. Der alte Fluss freute sich über ihre Gesellschaft so sehr, dass er für sie sogar ein eigenes Bett erschuf, in dem sie verweilen konnte. Und so hatte die schöne Singold sich nach und nach in einen eigenen Fluss verwandelt.

Lange Jahrhunderte blieb Singold mit dem Lech verbunden. Bis eines Tages die Wertach sich vor lauter Eifersucht dazwischen drängte. Seither fließt die kleine Singold in die Wertach und nicht mehr in den Lech, aber vergessen werden sich die beiden sicher nie.

Auch der Zapfen ist den Augsburgern als Andenken an die Römerzeit erhalten geblieben. Als sogenannte Zirbelnuss schmückt er bis heute das Stadtwappen, und kennt man den Hintergrund, dann verwundert es wenig, dass diese auch auf den Augsburger Gullydeckeln zu finden ist.

Ob die Zirbelnuss nun das Feldzeichen der römischen Legion war oder die Römer diesen Schmuck mitbrachten, den sie von ihren sogenannten Pfeilgrabmälern aus Rom kannten? Oder ob sie tatsächlich auf die Leidenschaft für Pinienkerne und ihre Zapfen zurückzuführen ist, das können die beiden Flüsse uns leider nicht verraten. Wer sich umschaut, findet sie auch noch an vielen anderen Stellen, auf alten Gebäuden, zum Beispiel auf dem Rathaus.

Sicher überliefert ist, dass die Singold bis 1588 noch nicht zum Flussgebiet der Wertach gehörte. Sie floss früher westlich an Augsburg vorbei und mündete am Ende als Senkelbach links in den Lech. Aber am 6. September 1588 brach die Singold nach heftigem Regenwetter in die Wertach ein.

In Augsburg dem Wasser zu folgen, lohnt sich auf jeden Fall. Nicht nur, weil der Stadtfluss Lech einem überall begegnet, sondern auch, weil das Wassersystem mit seinen wunderschönen historischen Wasserwerken sogar zum UNESCO-Welterbe gehört!

Hexe gegen Attila

Bildschön soll sie einst gewesen sein, und zahllose Verehrer sollen um ihre Gunst geworben haben. Sie betörte alle und wählte am Ende keinen. Ihre Freiheit schien ihr umso vieles wertvoller, zumal keiner zu ihrem Herzen vorzudringen vermochte. Ein Herz aus Stein sagte man ihr nach und die Gabe, vor allem Männer durch Zauberei gefügig zu machen.

An ihre Schönheit erinnerte sich allerdings keiner mehr – ebenso wenig wie an ihren Namen, der früher Ziska gelautet hatte. Alle, die mit ihr jung gewesen waren, waren längst verstorben. Geblieben waren ihre Fähigkeiten, auf ungewöhnliche Weise zu helfen, wo Propheten und Heiler ratlos waren.

Vor allem Frauen suchten ihren Rat, sei es, weil ihre Niederkunft bevorstand, ein Furunkel sie plagte oder der Ehemann. Sie half so gut sie es vermochte und die Erfahrung sie gelehrt hatte. Das hatte ihr den Ruf einer Zauberin eingebracht.

Unterstrichen wurde das durch den inzwischen wenig gefälligen Eindruck, den sie hinterließ. Ihr Haar war dünn geworden und ließ zwischen den Strähnen viel kahle Kopfhaut sehen. Die Furchen auf Stirn und Wangen waren tief wie ihre Sorgen, und die wenigen Zähne im Mund eigneten sich kaum noch für feste Nahrung.

Was eigentlich Mitleid hätte erregen müssen, jagte den Leuten einen Heidenschrecken ein, und sie reagierten mit Abscheu. Sogar mit fauligen Eiern hatte man ihre windschiefe Kate außerhalb der Stadtmauern schon beworfen, um sie zu vertreiben.

Aber wo sollte sie hin? Sie hatte ihr ganzes Leben hier verbracht, fühlte sich mit diesem Fleckchen verbunden und kannte niemanden anderswo.

Der einzige Gefährte, der ihr geblieben war, war ihr schwarzer Rabe, den die Menschen mit demselben Argwohn mieden. Erst nach Anbruch der Dunkelheit stahl sich ab und an einer mit einem Problem zu ihr.

Meist konnte sie mit einem Kräutersud helfen, manchmal war eine Behandlung nötig, die sie wie ein Ritual aussehen ließ, weil die Leute dafür mehr zu zahlen bereit waren.

So lebte sie mehr schlecht als recht von dem, was man ihr für ihre vermeintlich dunklen Künste zusteckte. Trotz aller Weitsicht ihres Alters hatte sie nicht damit gerechnet, dass sich ihre armselige Lage noch verschlechtern könnte. Doch so kam es.

Ein wohlhabender Fettwanst hatte sich nach ihrer Kur nicht erholt, sein Zustand verschlechterte sich. Er lag nun sogar auf dem Sterbebett. Dies lastete man keinesfalls seiner Völlerei an, die er entgegen ihrem Ratschlag unvermindert fortgesetzt hatte, sondern ihr. Hinzu kam ein Säugling, der mit einem schwarzen Mal auf der Stirn zu Welt gekommen war und eine Wunde, die sich partout nicht schließen wollte. Wie eine Mörderin führten zwei Wachen sie ab und steckten sogar ihren Raben in einen Käfig. Sie ahnte, dass man sie in das dunkelste Verlies der Stadt werfen und sie am Scheiterhaufen enden würde.

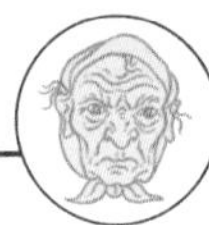

Auf dem Weg zum Barfüßertor, in dessen Turm sie gesperrt werden sollte, kamen sie auch an der Afrakapelle vorbei. Mit der Märtyrerin hatte sie sich stets verbunden gefühlt, da auch deren Leben steinig und voller Widersprüche gewesen war. Doch nun lagen dort nur noch verkohlte Trümmer.

„Was ist geschehen?“, rief sie erschrocken. „Müsste das eine wie du nicht wissen, wenn Satan höchst selbst vor den Toren steht? Wir werden seit Wochen belagert von Attila und seinen Hunnen. Gleich zu Beginn hat er die Kapelle von unserer Afra niedergebrannt, um seine Stärke vorzuführen und uns einzuschüchtern“, erklärte einer ihrer Wächter.

„Und das ist ihm mehr als gelungen“, murmelte ein zweiter. „Wenn kein Wunder geschieht, werden wir ihm die Stadt wohl in ein paar Tagen übergeben müssen!“

Mehrere Gedanken schossen ihr gleichzeitig durch den Kopf. Mit einem Wunder konnte sie nicht dienen, aber vielleicht wurde das Wunder gerade ihr zuteil? Sie erkannte ihre einmalige Gelegenheit und ergriff sie.

„Was bekomme ich, wenn ich den Hunnenkönig in die Hölle zurückschicke und Augsburg frei bleibt?“, fragte sie beiläufig als wäre es ihr eigentlich egal.

„Das könntest du?“, staunte der zweite Wächter.

„Nie und nimmer!“, antwortete der erste für sie. „Ein klappriges Weiblein wie die, was hätte sie dem Hunnen entgegenzusetzen?“

„Willst du mich nicht soeben als gefährliche Hexe in Ketten legen? Schweig lieber oder du wirst meine Macht am eigenen Leib erleben!“, zischte sie.

„Lassen wir doch die Obrigkeit entscheiden!“, fand der zweite.

Die Wächter schleppten sie vor den Stadthalter. Der hörte sich ihr Angebot an und schlussfolgerte: „Du gibst also zu, eine Hexe zu sein?“

Sie bemerkte die Falle sehr wohl. Wenn sie es jetzt bestätigte, gab es kein Zurück mehr. Aber wenn sie eines gelernt hatte, dann war es das Spektakel, das die Menschen erwarteten: Mit ausgespreiztem Zeige- und Mittelfinger zielte ihr dürrer linker Arme in seine Richtung. Dazu kreischte sie mit hoher Stimme so laut wie sie es vermochte: „Nicht irgendeine, Knäblein, ich bin DIE EINZIG WAHRE HEXE AUGUSTA VINDELICORUMS und kann jeden Eindringling aus meiner Stadt vertreiben!" Sie spuckte etwas Blut und Galle in seine Richtung, verfehlte ihn absichtlich um ein paar Handbreit.

Dem Stadthalter blieb der Mund offenstehen. Sie hatte es gewagt, ihn, einen feisten, kräftigen Mann mit schütterem Haarkranz „Knäblein" zu nennen und seine Stadt als die ihre zu bezeichnen. Wille und Wahnsinn funkelten ihn aus ihren Augen an. Ohne Zweifel war sie das einzige Mittel, das der Stadt vor der Kapitulation noch blieb.

„Was also fordertest du für deinen Dienst?", seufzte er.

Sie lachte meckernd auf. „Freiheit für mich und den Raben. Und dein Pferd!"

„Mein Pf...?"

„Wenn du den Hunnen loswerden willst, wirst du dein Pferd opfern müssen", schnitt sie ihm das Wort ab.

Also wurde ihr der schwarze Hengst des Stadthalters gesattelt. Inzwischen hatten sich einige Leute versammelt, da das Gerücht ihrer Verhaftung die Runde gemacht hatte. Was staunte die Meute nun, als sie sich von den Wächtern auf den Rappen helfen ließ.

Dort riss sie sich als erstes die lumpigen Kleider vom Leib und das Tuch vom Kopf. Ob ihres zerschundenen, mit Beulen übersäten Körpers senkten einige entsetzt den Blick und zuckten erschrocken zusammen, als sie ein ohrenbetäubendes Krächzen ausstieß. Sie gab dem Pferd die Fersen und

sprengte mit ihm auf das Barfüßertor zu. Gleichzeitig erhob sich der Rabe in die Lüfte und flog knapp über ihr hinaus aus der Stadt. In gestrecktem Galopp hielt die Hexe auf die Belagerer zu, immer noch mit dem Raben um die Wette krähend, wirkte sie wie eine Dämonin aus der finstersten Hölle. Keiner wagte es, sich ihr entgegenzustellen. Im Gegenteil, sie wichen zurück und gaben den Weg zu Attilas Zelt frei. Attila trat heraus, um den Grund für die Unruhe zu erfahren. Da streckte die Hexe die Arme empor und wurde in die Lüfte gehoben, dazu schrie sie dem Hunnen entgegen: „MALUS SUM, RUINA TUA SUM! MALUS SUM, RUINA TUA SUM!“

Einige seiner Mannen ergriffen panisch die Flucht. Attila wurde kreidebleich und rief zum Abbruch der Belagerung. Die Hexe überquerte das Lager und verschwand für immer in den Wäldern. In Augsburg ließ sie sich nie wieder blicken.

Die Augsburger erinnerten lange an diese spektakuläre Rettung mit einer bildlichen Darstellung des Hexenrittes gegen Attila am Barfüßerturm, in dem die Hexe vor ihrem Ritt gefangen gehalten worden war. 1836 wurden Turm und Tor leider abgerissenen, weil das Tor als Durchgang zu schmal geworden war. Es stand unmittelbar neben der heutigen Barfüßerkirche, die als Taufkirche von Bertolt Brecht ebenfalls eine Besichtigung verdient.

Nicht alle angeblichen Hexen hatten das Glück ihrem Schicksal zu entrinnen. So wird die Erinnerung an dieses düstere Kapitel in der Stadtgeschichte am Beispiel der armen, im 17. Jahrhundert verurteilten Dorothea Baum mit dem sogenannten Hexenbrunnen nahe des Fischertors wachgerufen.

Simpert und die Wölfin

Was der Kaiser aus der Ferne bestimmte, welche Verträge er schloss, welche Koalitionen und Ränke er schmiedete, das interessierte einfache Bauersleut, wie Irmela und Frantz es waren, an sich wenig. Sie mussten hart arbeiten und nicht selten auch dann ums eigene Überleben kämpfen, wenn gerade kein Krieg war, in dem Belagerer oder Plünderer ihnen den vorletzten und allerletzten Bissen stahlen.

Deutlich ausschlaggebender war da schon des Kaisers Entscheidung, welchen Verwandten oder Vasallen er einsetzte, um die Geschicke der Region zu lenken, in der sie ihr karges Auskommen suchten. Und da hatte es Augsburg diesmal gar nicht schlecht erwischt.

Der große Karl hatte seinen Vetter als Bischof einsetzen lassen, der sich tatsächlich für das Wohl der Stadt interessierte. Das war auch bitter nötig, da die Stadt buchstäblich im eigenen Graben lag.

Als Kirchenmann baute Vetter Simpert die zerstörte Kapelle der Afra und ein Kloster wieder auf. Sogar eine Schule gründete er, um den Nachwuchs nach seinem Vorbild zu erziehen. Was vor allem Irmela noch mehr imponierte, war seine eigene Bescheidenheit. Simpert kleidete sich im einfachen Gewand eines Klosterbruders und nicht in Gold und Prunk wie so viele seiner Vorgänger es getan hatten.

Auch Völlerei und Trinkerei waren ihm fremd, drei bescheidene Mahlzeiten am Tag genügten ihm vollkommen, selbst die nahm er im Kloster ein. Getreidebrei oder ein Mus aus Rüben, gelegentlich ein Ei und höchstens an Festtagen etwas Schmorfleisch in der Suppe. Irmela nahm an, dass seine Tagesportion etwas üppiger ausfiel als ihre, gar so, als würden sie und Frantz einen ihrer seltenen Gäste bewirten. Dennoch war es für einen so

hohen Herren außergewöhnlich, sich in diesen Dingen mit dem Volk gemein zu machen.

Frantz war zu Beginn deutlich skeptischer gewesen: „Wirst sehen, der zeigt sein wahres Gesicht schon noch!“, sagte er.

In den Gottesdienst ging er trotzdem mit ihr. Nicht wegen Simpert, sondern weil Irmela und er bereits seit Langem etwas auf dem Herzen hatten: ein Kind, das wünschten sie sich noch mehr als genug Regen und eine gute Ernte! Wenn es nach Frantz ging, dürften es auch zwei, drei oder vier werden, Hauptsache gesund und kräftig, damit auch ein Hoferbe dabei wäre.

Lange Jahre erhörte der Herrgott ihre Gebete nicht. In größter Verzweiflung sprach Irmela nach der Beichte Bischof Simpert persönlich darauf an. Er versprach ihr, für ihren Wunsch zu beten.

Frantz zweifelte. Ob so ein Geistlicher wirklich einen besseren Draht nach oben hatte und seine Gebete mehr bewirkten als seine eigenen? Aber als ihm Irmela wenige Wochen später beim Abendbrot zuflüsterte, dass man nun bald zu dritt wäre, nahm er im Stillen alles zurück und freute sich.

Kein größeres Glück hatte er je empfunden, als er sein winziges Töchterchen das erste Mal in den Armen hielt. Dank der bischöflichen Gebete wurde ihnen dieses Glück noch zwei weitere Male zuteil.

Nur der Hoferbe ließ ordentlich auf sich warten. Erst viele, viele Jahre später lag er in der Wiege, in der einst seine große Schwester Marei gelegen hatte. Marei war inzwischen sogar schon selbst verheiratet, liebte ihr Brüderchen aber sehr und hatte ihm gerne ihre Kindersachen überlassen.

Doch wie nahe Freude und Trauer manchmal beieinander lagen: Kurz nach der Geburt verstarb nämlich leider der Bischof. Ganz Augsburg vergoss Tränen über Tränen, besonders Frantz und Irmela, verdankten sie ihm doch ihr ganzes Lebensglück. Frantz war nur froh, dass er Irmela zugestimmt hatte, seinen Sohn Simpert zu nennen, einen würdigeren Namenspaten hätten sie gar nicht finden können.

Die Bestattung des alten Simperts in der Afrakirche lag erst ein paar Tage zurück, aber für weiteres Wehklagen blieb ihnen als Bauern kaum Zeit. Die Ernte rief sie zurück aufs Feld. Das Getreide stand hoch, wenn sie es nicht bald einbrachten, würde das Wetter es für sie erledigen, und dann wäre der Hunger nicht weit. Jede Hand wurde gebraucht!

Auch Irmela konnte mit dem kleinen Simpert nicht auf dem Hof bleiben, sondern musste mit anpacken. Wie es bei der Bauernschaft üblich war, nahm sie das Baby in einem Weidenkörbchen mit und stellte es am Ackerrand ab. So würde sie es hören, wenn es erwachte und weinte und konnte rasch herbeieilen, um es zu beruhigen und zu stillen. So hatte sie es mit seinen Schwestern gemacht, so hielt es jede Bäuerin in der Erntezeit.

Doch als an diesem Tage die Sonne ganz oben stand und Irmela auf das Plätzchen im Schatten eines Baumes zukam, wo sie den kleinen Simpert abgestellt hatte, erwartete sie eine Furcht einflößende Überraschung: Neben dem Körbchen stand eine riesige Wölfin.

Irmela schrie auf und rannte los, so schnell ihre Beine sie trugen. Aber sie war zu langsam und konnte nicht verhindern, dass die Wölfin sich über den Rand des Körbchens beugte und das kleine Bündel mit den langen spitzen Zähnen packte.

Mit dem schlummernden Simpert im Maul, starrte sie Irmela den Bruchteil eines Augenblicks an. Als wollte sie ihr extra deutlich vorführen, wem das Kind nun gehörte.

Noch bevor Irmela den Platz erreichte, sprang die Wölfin genauso lautlos davon, wie sie aufgetaucht war.

In wilder Panik rief Irmela um Hilfe und versuchte der Wölfin hinterherzulaufen. Sie hätte jeden Kampf mit dem Tier aufgenommen, hätte sich sofort selbst geopfert, um ihren Jungen zurückzuerlangen.

Aber es war aussichtslos! Die Wölfin war um ein Vielfaches schneller und verschwand mit ihrer Beute bereits im dichten Unterholz des Waldes, als Irmela das Feld noch nicht einmal ganz überquert hatte. Auch Frantz, der sofort herbeigeeilt war, als er seine Frau schreien hörte, konnte nichts ausrichten.

Mitten auf dem eigenen Acker brach Irmela zusammen, und Frantz vermochte sie kaum zu stützen, da seine eigene Angst ihn ebenso zu überrollen drohte. Irgendwas mussten sie doch tun! Sie konnten, sie durften nicht aufgeben! Nicht, solange es noch einen Funken Hoffnung gab!

Frantz trommelte einige Nachbarn zusammen. Mit Fackeln und Mistgabeln bewaffnet durchstreiften sie den Wald. Aber sie fanden nicht einmal eine Spur der Wölfin oder ihres Rudels. Als wäre sie ein Geist, der sich in Luft aufgelöst hatte und den kleinen Simpert gleich mit.

Als Frantz weit nach Mitternacht ohne seinen Sohn zurückkehrte, fand er seine Frau auf dem Boden ihrer Hütte kauernd ein Stoßgebet nach dem anderen murmelnd.

„Ach, würde doch unser Bischof noch leben", jammerte Frantz. „Seine Fürbitten wären das Einzige, was uns jetzt noch helfen könnte."

Irmela richtete sich mit letzter Kraft auf und streckte ihm eine Hand entgegen: „Dann lass uns zu ihm gehen!"

Hand in Hand liefen sie zur Kirche, knieten vor der Grabstätte nieder und flehten den großen Simpert um die Rettung ihres Sohnes an. Die restliche Nacht verbrachten sie weinend und wehklagend an dem Grab.

Wie kühl und finster es dort war, fiel ihnen kaum auf. Im Gegenteil, ihre Aussichtslosigkeit und Leere wäre ihnen am heimischen Feuer bloß noch deutlich bewusst geworden. Erst mit dem Morgengrauen kehrten sie zurück zu ihrem Hof. Völlig übermüdet und doch sicher, niemals wieder einen ruhigen Schlaf finden zu können.

Ein paar Schritte vom Hof entfernt blieb Irmela auf einmal wie angewurzelt stehen. Mit zitterndem Finger deutete sie auf einen dunklen Schatten. Die Wölfin! Wieder trug sie etwas im Maul, witterte und legte das Bündel direkt vor der Eingangstür ab. Sie heulte einmal kurz auf und verschwand dann so rasch und lautlos wie tags zuvor.

Irmela und Frantz stürzten zu dem Bündel, schlugen das Tuch zur Seite und konnten ihr Glück kaum in Worte fassen. Er war es, er war es wirklich: ihr kleiner Sohn. Er lebte! Die Wölfin hatte ihn zurückgebracht.

„Er hat uns geholfen", flüsterte Frantz voller Ehrfurcht. „Unser Bischof hat ein letztes Wunder für uns vollbracht!"

Von dem Tag an lebten sie glücklich, bis sie zu ihrem Lebensende hin den Hof an ihren Sohn Simpert übergaben. Nur in einem Punkt irrte sich der brave Frantz: Es sollte nicht das letzte Wunder bleiben, das Bischof Simpert auch noch nach seinem Tode für Augsburg und seine Bewohner bewirkte.

Simpert hat zur Zeit von Karl dem Großen gelebt und war vielleicht sogar mit ihm verwandt. Jedenfalls wurde er von ihm im Jahr 799 nach Augsburg geschickt, um für Ordnung in einer besonders schwierigen politischen Spannungslage zu sorgen.

Das ist ihm derart gut gelungen, dass er später sogar heilig gesprochen wurde. Ob er wirklich sogar noch nach seinem Tod die Wölfin dazu gebracht hatte, das Baby zurückzubringen? In Augsburg glaubt man fest an diese Geschichte.

Auf Abbildungen wird Simpert deshalb fast immer mit einem Wolf gezeigt, der ein Kind im Maul trägt. Außerdem gilt er als einer der drei Patrone Augsburgs und ist für den Schutz von Kindern und Jugendlichen zuständig.

Wer also auf der Suche nach einem stummen Zuhörer oder sogar einem Wunder ist, könnte beides ja vielleicht an Simperts Grab finden?

Der Glockengießer

Was für eine Ehre! Der Glockengießer konnte sich kaum das breite Grinsen verkneifen vor lauter Stolz und Freude. Der Rat hatte ihn ausgewählt. Ihn! Nicht den Kuntz und nicht den Xaver! Er, er sollte die neue große Glocke für den Perlachturm gießen! So eine Aufgabe vertraute man nur dem Besten an, einem Meister von tadellosem Ruf und einwandfreiem Können. Diese Glocke würde ihn sogar über die Stadtgrenzen hinaus bekannt, vielleicht sogar richtig berühmt machen! Das musste er sofort im Zunfthaus berichten.

Auf dem Weg dahin, traf er seine Nachbarin und einen alten Freund aus Kindertagen. Denen erzählte er es brühwarm. Ebenso dem Bäcker und dem Metzger am Markt. Laut und deutlich, damit die Marktstände außen herum gleich mithören konnten. Seine Gesellen und sein Lehrbursche hießen ihn mit Jubelrufen in der Werkstatt willkommen. Der Altgeselle klopfte ihm auf die Schulter: „Gut gemacht, Meister!"

Der Glockengießer lachte laut und rief: „Jetzt werden sie bei uns Schlange stehen! Wir werden in Münzen ertrinken!"

Bis zum Abend wusste es die halbe Stadt. Bis zu ihm nach Hause hatte es sich herumgesprochen. Sein Weib hatte zum Abendmahl eine kräftige Suppe extra mit Fleischeinlage zubereitet, um den Auftrag zu feiern. Ab dem nächsten Tag wusste es auch die andere Hälfte der Stadt. Mit geschwellter Brust lief der Glockengießer von da an durch die Gassen und überhörte geflissentlich die ersten Unkenrufe, die sich unter den Beifall mischten.

„Ach, möge seine Glocke sich nur halb so gut anhören wie seine Prahlerei!", sagte einer. „Sag ich's nicht immer, Hochmut kommt vor dem Fall!", zischte ein anderer.

Besser, er fing nun mit der Arbeit an. Dann würden sie schon sehen! Das Lästern würde ihnen vergehen! Im Schweiße seines Angesichts hob er mit den Gesellen die Glockengrube aus und sah sich nach der besten Erzqualität um, die zu bekommen war. Er ließ die Gesellen Kohle und Holz zusammentragen, um den großen Kessel anzuheizen.

Jetzt ging es daran, die perfekte Erzmischung zu schmelzen. Mehrmals prüfte der Meister, ob auch alles seinen Ansprüchen genügte, und dann als die Form vollbracht und die Mischung gefunden war, gönnte sich der Meister mit den Gesellen eine Auszeit im Wirtshaus.

Wieder konnte der Glockengießer nicht widerstehen, jedem zu erzählen, was gerade erschaffen wurde. Die größte, die schönste, die klangvollste Glocke, die je gegossen worden war! Eine wahre Zierde für den Turm, ein Prunkstück für die Stadt! Er ließ sich hinreißen und nahm einen Humpen und noch einen Humpen und ließ eine Lokalrunde für alle folgen.

Währenddessen hatte er seinen Lehrling mit dem Glockensud allein gelassen. Er hörte und sah nicht, wie jener verzweifelt nach ihm rief: „Meister, Meister kommt der Glockensud ist bereit! Wenn wir jetzt nicht gießen, dann verdirbt er!"

Erst in den frühen Morgenstunden kehrte der Glockengießer zurück in die Werkstatt und traute seinen Augen kaum. Hatte doch dieser Nichtsnutz, diese Plage von einem Lehrling, dieser Satansbraten es gewagt, selbstständig den Pfropfen zu lösen und das flüssige Erz in die Form fließen lassen. Bestimmt hatte er alles verdorben! Der ganze Ruhm, der ihm gebührte, von einem Lehrling zunichte gemacht.

Die Wut kochte in ihm hoch wie das flüssige Metall. Er packte eine Stange und schoss damit auf den jungen Burschen zu, der ihm vermeintlich den Beifall gestohlen hatte. Der Zorn packte zu und gewann die Oberhand über den Glockengießer, so dass er, ohne nachzudenken, auf den Jungen einschlug, bis dieser bewusstlos zu Boden sank.

Erst dann wurde dem Glockengießer halbwegs bewusst, was er getan hatte. Er stürzte zu dem Jungen, doch es war zu spät. Er hatte ihn zu schwer am Kopf getroffen und damit das junge Leben beendet.

Fassungslos über die eigene Tat leistete der Glockengießer keine Gegenwehr als die Gendarmen kamen, um ihn abzuführen und ins Gefängnis zu stecken. Kurze Zeit später wurde ihm der Prozess gemacht und das Urteil lautete, es werde Gleiches mit Gleichem vergolten.

So sah er denn seiner Hinrichtung entgegen. Er bereute seine Tat zutiefst, nicht nur, weil er ein junges Menschenleben grausam und viel zu früh ausgelöscht hatte, sondern auch, weil seine Wut noch dazu völlig unberechtigt gewesen war. Die Glocke war keineswegs misslungen, sondern im Gegenteil, sie zierte ihren Meister. Sein Lehrling hatte sorgfältig und präzise gearbeitet, dass so mancher Geselle und sogar er selbst es nicht besser hinbekommen hätte. Der Klang der Glocke würde voll und rein sein, genauso wie er sich's ausgemalt hatte. Wie hatte er nur so blind sein können vor Zorn!

Wenn er schon sonst nichts mehr gut machen konnte, musste er dem Jungen die Ehre zukommen lassen, die ihm gebührte: „Mein letzter Wunsch ist es, einmal die Glocke zu hören, wenn man mich zum Platz meiner Hinrichtung führt. Möge ihr Geläut und mein Ende allen eine Mahnung sein!"

Dieser letzte Wunsch wurde ihm, wie es üblich war, gewährt. Also läutete an jenem letzten Tage des Glockengießers die Glocke zum ersten Mal.

Wie der Glockengießer er vorausgesehen hatte, erreichte ihr Klang die Herzen der Versammelten. Noch lange Jahre läutete man jene Glocke, um vor Feuer, feindlichen Angriffen und anderen Gefahren zu warnen. Vielleicht aber auch weiterhin als Mahnung, was Hochmut und blinde Wut anrichten konnten.

Der Perlachturm, in dem die Glocke hing, hat im Laufe der Zeit zahlreiche Umbauten erlebt. Vom ursprünglich reinen Wachturm wurde er 1348 zum Feuerturm, von dem aus möglichst rasch Brände in der Stadt gesichtet und die Augsburger mit der Feuerglocke gewarnt werden konnten. Geläutet werden durfte sie zu diesem Zweck nur vom Stadtvogt.

Als man dieses Warnsystem nicht mehr benötigte, wurde die Glocke im 19. Jahrhundert eingeschmolzen, aber immerhin wurde das Metall für eine Feuerspritze wiederverwendet.

Seit 1526 beherbergt der Turm ein ganz besonderes Figurenspiel: S'Turamichele, dessen märchenhafte Geschichte sich ebenfalls in diesem Buch nachlesen lässt.

Durchfahrt durch den Dom

Zur Christmette im Jahre 1350 traute Bischof Markward I. von Randeck seinen Augen kaum. Bis zum letzten Platz war die Marienkathedrale belegt. Nicht nur die Kirchenbänke, sondern sogar hinter und neben ihnen standen die Menschen, um am Gottesdienst teilzunehmen.

„Man sollte als Geistlicher beinahe froh sein, dass man sich seines Platzes sicher sein kann“, dachte er bei sich.

Nach den Feiertagen äußerte er diese Erkenntnis laut gegenüber den Priestern des Domkapitels und sie stimmten ihm zu. „Besonders, wenn man bedenkt, dass einige Gläubige sogar vor dem Portal bleiben mussten.“

„Wir haben Menschen abgewiesen, die den Gottesdienst besuchen wollten? Am Heiligen Abend?“ Betrübt nickten die Priester. „Das darf nicht sein!“, brauste der Bischof auf. „Wir müssen etwas unternehmen!“

„Was können wir tun?“, fragte ein Priester. „Wir haben nicht mehr Platz.“
„Dann müssen wir mehr Platz schaffen!“, beschloss Markward, „Wir erweitern den Dom!“

Das befanden alle für gut. Ein Baumeister wurde für die Planung gefunden, die Kollekten der Finanzierung des Anbaus gewidmet und darüber hinaus einige reiche Unterstützer gesucht, die sich bereitwillig mit einer Spende einen Platz nicht nur im Himmelreich, sondern auch in ihrer Kirche sichern wollten. Alles schien sich zu fügen, bis ...
... bis einem der Geistlichen ein entscheidender Makel auffiel. Er wagte es kaum, den Bischof damit zu behelligen, aber was half es – sobald er den Anbau beginnen wollte, würde es ohnehin herauskommen. Also gestand er

ihm in einem Zwiegespräch: „Der Grund, auf dem Ihr den Anbau plant, gehört uns nicht!"

Der Bischof konnte es kaum fassen: „Er gehört uns nicht? Wem kann der Grund neben unserem Dom denn sonst gehören?"

„Dem weltlichen Reich", antwortete der Geistliche. „Schon zu Zeiten der Römer verlief dort die Via Claudia Augusta."

„Dann werden wir mit den Oberen der Stadt reden. Sie werden ja wohl einsehen, dass unsere Kathedrale vergrößert werden muss und uns den Grund zur Verfügung stellen!"

Doch da irrte sich der Bischof gewaltig. Als er in der nächsten öffentlichen Ratssitzung sein Anliegen vorgetragen hatte, erhob umgehend einer der Zunftmeister seinen Protest: „Was denkt Ihr Euch? Wir brauchen diese Straße, um unsere Waren zu transportieren!"

„Aber unsere Gläubigen brauchen doch ihren Platz fürs Gebet!", wandte der Bischof ein.

„Eure Gläubigen benötigen mindestens ebenso dringend ihr tägliches Brot oder etwa nicht?", hielt der Zunftmeister der Bäcker dagegen.

„... und vergesst nicht den Wein!"

„... und erst recht nicht das Leinen!"

Jeder befand seinen Anteil für den wichtigsten. So sehr der Bischof an die Ratsmitglieder appellierte: „Ihr alle seid doch auch eurem Herrn verpflichtet!"

So wenig wollten es sich die Räte mit den Zünften und Bürgern verderben: „Es tut mir leid, Eure Exzellenz, aber Ihr werdet Eure Kirche anderswo bauen müssen."

Doch das sah wiederum Markward gar nicht ein. Bis in die späte Nacht diskutierten sie, rangen mit den unterschiedlichen Interessen, bis ein Gemüsehändler, der endlich nach Hause in sein Bett wollte, rief: „Dann

müssen die Händler und ihre Karren eben durch die Kirche fahren, wenn es anders nicht geht!“

Vermutlich der späten Uhrzeit geschuldet, hielten das alle für einen guten Einfall.

„Wir bauen zwei Portale genau für den Straßenverlauf und alle Augsburger Bürger erhalten ein garantiertes Wegerecht durch den Dom!“, versprach der Bischof.

So wurde es per Brief und Siegel beschlossen. Der Dom zu Augsburg konnte umgebaut und erweitert werden, künftig fanden alle Gläubigen darin Platz. Allerdings konnte es ihnen mitten im Gottesdienst passieren, dass ein Pferd mit Reiter durch das Querschiff trabte oder sogar ein ganzes Ochsenfuhrwerk durch die Kirche getrieben wurde.

Ein Beweis mehr, dass sich in Augsburg für alles eine Lösung finden lässt!

So kurios es klingen mag: Dieses Wegerecht durch den Dom hat es wirklich gegeben. Nur deshalb konnte der Domumbau von 1356 bis 1431 erfolgen. Zeugen sind die zwei riesigen Pforten, das Süd- und das Nordportal, die haargenau die Via Claudia Augusta verbinden.

Manche glauben sogar, dieses Recht würde heute noch gelten. Es soll vor einigen Jahren ein Motorradfahrer davon Gebrauch gemacht haben. Dafür wurde er zwar angeklagt, kam aber letztlich wegen dieser alten Vereinbarung ohne Strafe davon. Zum Glück gibt es heute aber eigentlich den Hohen Weg um die Kirche herum. Doch wer die Augen offenhält, findet die Domkurve immer noch.

Der Ritter vom Katzenstadel

Mürrisch betrat der alte Feldwebel Burkhard den Turm, den die Augsburger seit vielen Jahren als Zeughaus nutzten. Hier wurden Waffen und militärische Ausrüstung aufbewahrt. Unter anderem die kleinen Kanonen mit den nur etwa faustgroßen Kugeln, die man im Volksmund Katzen nannte. Eben die hatten dem Turm seinen Namen eingebracht: Katzenstadel.

Während des Krieges war der Turm ein strategisch wichtiger Ort, dessen Bewachung man nur den Besten und Zuverlässigsten anvertraute. Anders verhielt es sich in Friedenzeiten wie jetzt. Da gab es kaum etwas Langweiligeres als des nächtens den Gegenständen beim Verstauben zuzusehen.

Niemand riss sich darum, diese Aufgabe zu übernehmen, und dass der Hauptmann ihn schickte und nicht mehr am Stadttor einsetzte, zeigte dem Weibel einmal mehr, dass er für zu alt und untauglich gehalten wurde. Das war fast noch schlimmer als die Nachtschicht selbst.

Mit einem Stoßseufzer ließ sich Burkhard auf eine große Kiste in der hintersten Ecke des Turms plumpsen. Wenn er schon hierher abkommandiert worden war, dann konnte er es sich genauso gut ein wenig gemütlich machen. Er streckte die Beine aus und überlegte, ob er sich wohl ein Schlückchen genehmigen sollte, entschied sich aber dagegen. Auch wenn es niemand merken würde, aber man sollte ihm nicht zu wenig Pflichtbewusstsein nachsagen können, sonst behielte der Hauptmann recht und das wollte Burkhard um jeden Preis vermeiden!

Mit einem Blick auf seine Stiefel fiel ihm etwas Besseres ein. Wann hatte er sonst Zeit, das Leder auf Hochglanz zu bringen? Das war doch genau die richtige Aufgabe für diese lange Nacht. Er sah sich nach einem Hilfsmittel um und nutzte schließlich den Rand der Bleikiste, auf der er saß, als Ersatz für einen Stiefelknecht.

Erleichtert wackelte er mit den Zehen, als er die Stiefel ausgezogen hatte. Oh, oh ein Loch in der linken Socke! Doch das musste warten, nun waren zuerst die Stiefel dran. Burkhard zog ein Stofftuch aus dem Wams, spuckte beherzt auf den Schaft und fing an, den Stiefel gründlich zu polieren. Deshalb bemerkte er zunächst nicht, dass sich unter ihm die Kiste leicht bewegte. Auch nicht, dass ein zarter Nebel durch die Ritzen nach draußen waberte. Erst als dieser Nebel sich zu einer Gestalt verdichtete, blickte der Feldwebel auf und zuckte zusammen.

„Herrgott, wo kommt Ihr denn auf einmal her?" Er besah sich den durchscheinenden Mann vor sich genauer. Er trug eine Rüstung, die einst prächtig gewesen sein musste, doch jetzt war das Metall rostig und trübe, und der Weibel konnte keinerlei Wappen oder sonstige Hinweise auf die Herkunft mehr ausmachen.

Der Geistermann zeigte nur stumm auf die Kiste, auf der der Feldwebel immer noch mit seinem Stiefel in der Hand hockte. Und da fiel es Burkhard wieder ein, er hatte schon als junger Mann zu Beginn seiner Dienstzeit von dem Sarg gehört. Denn genau das war diese Bleikiste: ein Sarg.

Gefunden hatte man ihn bereits 1447, also vor über 150 Jahren, als man den Graben zwischen dem Gögginger und dem Roten Tor neu ausheben wollte. Man hatte versucht herauszufinden, wer der Ritter gewesen war, der offensichtlich so viel Schuld auf sich geladen hatte, dass er im Graben gelandet war.

Während der Untersuchungen stellte man den Sarg im Katzenstadel unter. Ein besserer Platz fand sich nicht, denn die Kirche weigerte sich, Sarg und Ritter aufzunehmen und Nachkommen, denen man ihn hätte aufbürden können, waren mangels Herkunftsverweisen ebenfalls nicht aufzutun. Man hatte wohl sogar bei der letzten Belagerung Augsburgs überlegt, aus dem Sarg Kanonenkugeln zu gießen, da Blei kaum noch anderweitig aufzutreiben war. Aber da hatten die gläubigen Bürger aufgeschrien: „Haltet ein, ihr wisst nicht, was ihr heraufbeschwört! Wollt ihr wirklich mit dem Blei eines Verfluchten auf den Feind schießen? Solche Kugeln werden zurückkehren und uns alle töten!“

Nach dieser düsteren Mahnung wagte es niemand mehr, an dem Sarg zu rühren, und er geriet in der dunklen Ecke des Turms in Vergessenheit.

Bis eben nun der Weibel Burkhard den Geist betrachtete, der mit hängenden Schultern vor ihm schwebte. Burkhard hatte Mitleid mit dem Vergessenen. „Was auch immer du zu Lebzeiten verbrochen hast, nach so vielen 100 Jahren solltest du doch genug gebüßt haben!“

Bildete er sich das nur ein oder nickte der Ritter ihm zu? Jedenfalls beschloss der Weibel zu helfen.

Nachdem er seine Schicht beendet hatte, setzte er sein Vorhaben in die Tat um. Vom Hohen Dom Mariä Heimsuchung bis zur Barfüßerkirche klopfte er an jede Kirchentür und bat um einen Platz auf dem Friedhof für seinen Geist. Doch die Kirchen kannten keine Gnade. Auch beim Inneren Rat fand der Feldwebel kaum Gehör.

„Den zusätzlichen Platz im Turm könnten wir wohl gebrauchen“, gab Ratsherr Rehlinger zu bedenken, „da wir doch demnächst die gegossenen Figuren dort unterbringen müssen, bis der neue Brunnen fertig gebaut ist und wir sie aufstellen können.“

„Für mehr Lagerplatz werden wir es uns weder mit den Protestanten noch mit den Katholiken verderben!“, fiel ihm der Fugger ins Wort, „lieber werfe ich den Bleisarg wieder zurück in den Stadtgraben, wo er einst herkam.“

„Haltet ein und versündigt euch nicht“, rief der Welser entsetzt, „besser, es bleibt alles wie und wo es ist!“

Und so ward es beschlossen und der Weibel musste unverrichteter Dinge von dannen ziehen. Bei seinem nächsten Wacheinsatz im Katzenstadel schien ihn der Geist bereits über seinem Sarg schwebend zu erwarten, und Burkhard berichtete ihm alles. „So leid es mir tut, aber meine Bitte wurde nicht erhört, du musst also weiter hier verweilen oder dich an eine höhere Instanz wenden.“

Als ob er Burkhards Rat befolgen wollte, hob der Geisterritter beide Arme empor, fast gleichzeitig war ein Grollen zu vernehmen, das selbst dem ansonsten wenig schreckhaften Feldwebel durch Mark und Bein ging: „Was um Himmels Willen geschieht hier?“

„Lauf! Lauf um dein Leben!“

Ob es der Geist war, der erstmals direkt zu ihm sprach oder nur eine Stimme in seinem Kopf – das war Burkhard völlig einerlei. Panisch stürzte er aus dem Turm, stolperte, raffte sich wieder auf, begleitet vom Sturmwind, der durch die Gassen pfiff und dem immer näher polternden Donner. Mit Ach und Krach schaffte er es mit den ersten Blitzeinschlägen nach Hause. Er verriegelte die Tür von innen, warf sich auf sein Schlaflager und hielt sich die Ohren zu. „Wenn ich diesen Sturm heil überstehe, werde ich nie wieder fluchen und jeden Sonntag einen Gottesdienst besuchen“, schwor er.

Augsburg erlebte in dieser Nacht des 13. August 1593 eines der schwersten Gewitter seiner Geschichte. An unzähligen Stellen schlugen die Blitze ein, als wäre das Wetter zornig auf die Stadt.

Das Haus des Feldwebels aber blieb völlig unversehrt. Als am nächsten Morgen alles vorüber war, machte er sich auf den Weg zurück zum Katzenstadel. Doch wo gestern noch der Turm gestanden hatte, war nur noch eine Ruine übrig. Alles war zerstört. Überall beißender Qualm, verkohltes Holz und zerborstene Steine.

Der Weibel fing an zu zittern. Wäre er geblieben, dann hätte er unter Steinbrocken sein Ende gefunden. Aber wo war der Sarg? Was war aus dem Rittergeist geworden? Burkhard fing an zu suchen.

„Packt mit an!", rief er den anderen Wachen zu, die gekommen waren, um von der Ausrüstung zu bergen, was noch zu bergen war.

Vergeblich, der Blitzschlag hatte alles eingeschmolzen und den Rest hatten die Trümmer dem Erdboden gleich gemacht. Aber als der Weibel einen verkohlten Dachbalken zur Seite hob, traute er seinen Augen kaum. Da stand er, aufrecht und komplett unversehrt und winkte ihm zum Gruße. Als wäre er mit seinem Sarg zu neuer Größe verschmolzen.

„Der Himmel hat dich also erhört", murmelte Burkhard.

„Von wem redest du?", fragte der Hauptmann, der schlecht gelaunt die Überreste seiner Waffenvorräte inspizierte.

Burkhard deutete auf die Metallfigur: „Von unserem unheiligen Ritter, der als Einziger das Unwetter heil überstanden hat."

„Der da?", der Hauptmann lachte auf. „Das ist unser Stadtgründer und Namensgeber, Kaiser Augustus. Die Bronzefigur hat Meister Gerhard für den neuen Brunnen entworfen. Du kannst von Glück sagen, dass sie

wenigstens heil geblieben ist. Den Ärger mit unseren Patriziern hätte ich sonst nicht erleben mögen!"

Burkhard zwinkerte der Figur zu. Ein Kaiser also! Was für ein Aufstieg! Doch ihm machte er nichts vor. Von dieser angeblichen Brunnenfigur war gestern im Katzenstadel nicht der Hauch eines Metallplättchens zu sehen gewesen. Das hier war der Rittergeist, der nun endlich seinen Platz finden würde. Einen besonderen prunkvollen noch dazu. Direkt vor dem Rathaus, wo er bestimmt noch Jahrhunderte später bewundert und verehrt werden würde.

„Danke für die Warnung", raunte Burkhard, dem Kaiser von da an jedes Mal zu, wenn ihn sein Weg über den Platz führte, denn nur er kannte das wahre Geheimnis vom Katzenstadel.

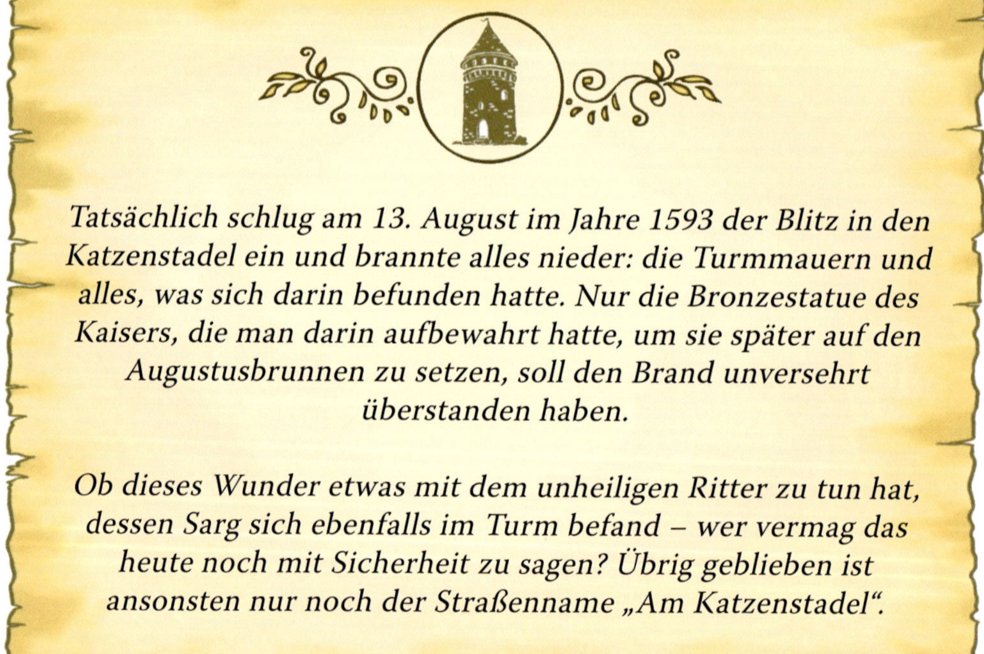

Tatsächlich schlug am 13. August im Jahre 1593 der Blitz in den Katzenstadel ein und brannte alles nieder: die Turmmauern und alles, was sich darin befunden hatte. Nur die Bronzestatue des Kaisers, die man darin aufbewahrt hatte, um sie später auf den Augustusbrunnen zu setzen, soll den Brand unversehrt überstanden haben.

Ob dieses Wunder etwas mit dem unheiligen Ritter zu tun hat, dessen Sarg sich ebenfalls im Turm befand – wer vermag das heute noch mit Sicherheit zu sagen? Übrig geblieben ist ansonsten nur noch der Straßenname „Am Katzenstadel".

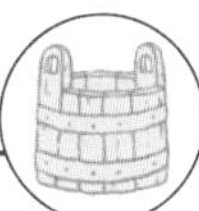

Die Tochter des Baders

„Was für eine schöne und bisweilen aufregende Stadt ihr Augsburg doch war", dachte Agnes voller Stolz. Das hatte sich wohl bis in die höchsten Adelskreise herumgesprochen, und so wurde ihrer Heimat in wenigen Tagen zum wiederholten Male die Ehre zuteil, ein Turnier auszutragen.

Bereits jetzt waren zahlreiche Edelleute mit ihrem Gefolge angereist. Überall sah man sie in ihren prunkvollen Gewändern flanieren. Sie hatten ihren ganzen Hofstaat und natürlich ihre Pferde mitgebracht. Aber auch Gaukler und Musikanten hatten sich eingefunden, und es gab Musik und Possenspiel an jeder Ecke.

Die ausgelassene Stimmung öffnete den Menschen nicht nur die Herzen, sondern auch die Geldbeutel. Das wiederum war gut fürs Geschäft. Zahlreiche Gäste besuchten die Badstube ihres Vaters Kaspar. Als Badmagd hatte Agnes alle Hände voll zu tun, ihnen die Zuber mit heißem und kaltem Wasser zu füllen, Seife und die Tücher bereitzulegen. Trotz des großen Andrangs versuchten sie und ihr Vater jeden Wunsch zu erfüllen und boten auch eine Rasur oder einen Haarschnitt an.

An diesem Nachmittag betrat ein Herr mit Gefolge das Badehaus, der Agnes sofort auffiel. Nicht nur, weil er besonders stattlich war, sondern vor allem sein fein geschnittenes Gesicht und sein freundlicher Blick gefielen ihr auf Anhieb. Sicher war er von höherem Rang, trotzdem behandelte er sie und die anderen Bademägde nicht von oben herab wie es die seines Standes üblicherweise taten. Er war liebenswürdig und griff zur Hilfe sogar zu dem Holzzuber, der ihr beinahe zu entgleiten drohte.

In diesem Augenblick trafen sich ihre Blicke und Agnes Herzschlag fiel für einen Moment aus. Nur um dann in doppelter Geschwindigkeit wieder

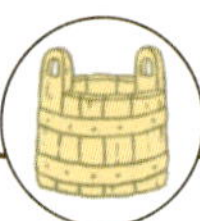

einzusetzen. So etwas hatte sie noch nie gefühlt, und es mangelte ihr weiß Gott nicht an Verehrern. Auch dem Edelmann schien sie aufzufallen: „Wie ist Euer Name?", erkundigte er sich. Agnes stellte sich vor und erfuhr, dass er Albrecht hieß.

„Albrecht", flüsterte sie später noch, als sie nach getaner Arbeit allein in ihr Bett schlüpfte. Ach, wäre er doch bloß ein einfacher Handwerksbursche von hier und nicht ein Adliger, der bloß wegen des Turniers in der Stadt war. Sie trauerte nun dem Festtag entgegen, auf den sie sich bisher gefreut hatte, da er doch gleichzeitig den Abschied bedeuten würde. Bis dahin hatte der Schöne versprochen täglich wiederzukehren und sich ausschließlich von ihr das Bad zubereiten zu lassen.

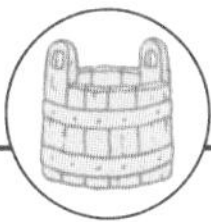

Nervös erwartete Agnes ihn am nächsten Mittag, hoffte, er habe keinen anderen Zeitvertreib gefunden, der ihm noch besser gefiele als die Entspannung in der Badestube.

Albrecht hielt sein Wort. Diesmal kam er sogar ohne seine Entourage und er blieb mehrere Stunden. Agnes und er unterhielten sich und stellten fest, dass sie in vielem Geschmack und Ansicht teilten.

Tags darauf erhielten Agnes und ihr Vater eine Einladung zum Turnier. Sie durften sogar auf den Rängen Platz nehmen, wo ansonsten nur der Adel saß.

Was für ein Blick auf das herrliche Spektakel! Der Bader bestaunte die Ritter in ihren Rüstungen und die ersten Waffengänge mit Schwertern und Äxten. Als die ersten Lanzenreiter mit ihren Pferden in die Arena ritten, hielt ihn kaum noch etwas auf seinem Sitz, weil er vor lauter Begeisterung alles ganz genau sehen wollte. Auch Agnes war beeindruckt, hielt aber vor allem Ausschau nach Albrecht.

„Da!", deutete ihr Vater. „Da ist er doch, dein Verehrer!"

Agnes gefror das Blut in den Adern, als sie seinem Fingerzeig folgte. Dort ritt er tatsächlich. Vor ihm her trug ein Knappe das Wappen: ein goldener Löwe umrahmt von weiß-blauen Rauten. Das durfte nicht – das konnte nicht wahr sein! Agnes wusste, dass ihre Gefühle keine Zukunft hatten, dafür genügte, dass er adlig und sie eine einfache Bürgerstochter war. Aber das! Sie sank in sich zusammen und schlug die Hände vors Gesicht.

„Ist dir nicht wohl?", fragte besorgt ihr Vater. Agnes schüttelte sich. „Hast du es denn nicht erkannt? Das Wappen der Wittelsbacher? Er ist kein einfacher Edler oder Freiherr, er ist der Sohn des Herzogs!"

Zuerst war auch Kasper erschrocken, doch dann vertrieb ein Lächeln seine Falten.

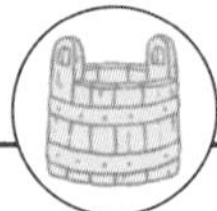

„Dann wirst du also bald Herzogin!"

„Träume nicht, Vater, wir leben nicht im Märchen!"

Doch nicht nur der Bader wollte das nicht hinnehmen. Albrecht nahm seinen Helm ab und blickte sich suchend um. Als er Agnes auf der Tribüne entdeckte, ging ein Strahlen über sein Gesicht.

Er wendete sein Pferd in ihre Richtung und rief ihr zu: „Reicht mir Euer Tuch, Jungfer Agnes, dann werde ich für Euch den Sieg erringen!"

Agnes schoss die Röte ins Gesicht. Was dachte er sich dabei? In aller Öffentlichkeit, sie war sich sicher, dass alle sie anstarrten und sich fragten, wer sie war, denn wer er war, wussten alle.

Noch schlimmer würde es werden, wenn sie herausfanden, was sie war. Eine Bademagd, die dem Herzog schöne Augen gemacht hatte. Nein, diese Lästereien und Beschimpfungen wollte sie nicht heraufbeschwören. Sittsam senkte sie den Kopf und schüttelte ihn unauffällig, damit er erkennen und von ihr ablassen möge.

Aber das tat Albrecht partout nicht. Nun drängte auch noch ihr Vater: „Du kannst doch nicht des Herzogs Sohn abweisen! Gib ihm dein Tuch, sonst bekommt er meines!"

Letztlich war es weder das Drängen ihres Vaters noch die Angst vor Blamage, die den Ausschlag gab, sondern einzig und allein Albrechts bittendes Lächeln, das ihre Meinung änderte. Sie erkannte, wie ernst es ihm war und dass er ebendies der Welt zeigen wollte.

Ob es nun klug war, daran hatte Agnes ihren Zweifel, aber es kam von Herzen, genau wie ihr Tuch, das sie ihm nun doch übergab.

Sie erkannte die Freude, mit dem er das Tjosten bestritt. Einen Ritter nach

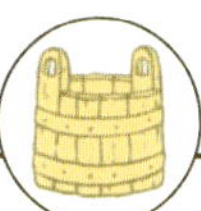

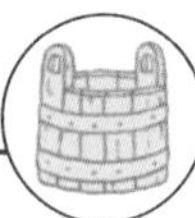

dem anderen hob er aus dem Sattel, bis er als strahlender Sieger feststand. Stolz kam er mit dem gebundenen Kranz zu ihr zurück.

„Das Glück verleiht mir Flügel", behauptete er und zwinkerte Agnes zu. „Meinen Siegerkuss hole ich mir später!"

Agnes schwebte wie auf Wolken und mochte gar nicht daran denken, dass Albrecht in ein paar Tagen wieder weg sein würde. Ich werde die Zeit mit ihm genießen und sie für den Rest meines Lebens im Herzen tragen, beschloss sie.

Nicht nur sie war nach den gemeinsam verbrachten Stunden schwer verliebt. Auch Albrecht war sich sicher, seine wahre Liebe gefunden zu haben. Doch es half alles nichts, der Abschied nahte.

Albrecht kam zu seinem letzten Besuch in die Badestube. Er schloss sie noch einmal fest in die Arme. Agnes hätte heulen mögen, so glücklich und unglücklich war sie gleichzeitig.

Da sank der Herzogsohn vor ihr in die Knie und bat: „Komm mit mir auf mein Schloss, ich bitte dich mit jeder Faser meines Seins! Ein Leben ohne dich wäre kein Leben mehr!"

Agnes traute ihren Ohren kaum. Sollte der Traum wirklich weitergehen?

Sollte eine Augsburger Baderstochter wirklich Herzogin werden, wie ihr Vater es prophezeit hatte? Und selbst wenn es schief ginge, Agnes musste es versuchen. Nicht wegen des Titels, sondern weil ihr Herz nichts anderes zuließ.

„Ja", rief sie, „ich komme mit dir!"

Ein wenig durften sie also noch weiter schwelgen, die beiden Liebenden. Was später geschah – der Neid der Vornehmen und die Angst eines Herzogs um die Erbfolge seines Herzogtums …

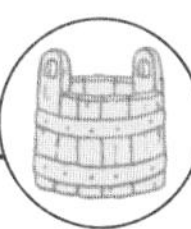

... das ist eine Geschichte, für die Augsburg nicht mehr verantwortlich zu machen ist. Innerhalb seiner Stadtmauern fand die Liebe ihren glücklichen Anfang. Für das Ende müssen sich später München und Straubing genieren.

Im Mittelalter hatten die Menschen keine Badezimmer in ihren Häusern so wie heute, daher traf man sich in sogenannten Badehäusern, um sich zu waschen. Gebadet wurde vor allem samstags oder vor hohen Feiertagen.

In den Badehäusern wurden aber auch Zähne gezogen sowie kleinere chirurgische Eingriffe vorgenommen. Berüchtigte Methoden waren der Aderlass oder das Schröpfen. Bei der Prozedur werden sogenannte Schröpfgläser mit Unterdruck auf die Haut gesetzt, um unter anderem Muskelverhärtungen zu lösen und über die Hautpartie das ihr zugehörige Organ zu erreichen.

Entsprechend waren die Standesunterschiede zwischen einer Baderstochter und einem Herzog enorm, und die Verbindung der beiden war dem Vater von Albrecht, Herzog Ernst von Bayern, ein Dorn im Auge. Der alte Herzog hielt Agnes für eine Hexe und ließ seinen Sohn durch einen Jagdausflug ablenken, um sie währenddessen verhaften zu lassen.

Wo genau Agnes Bernauers Geburtshaus stand oder wo die Badestube war, in der sie ihren Herzog traf, dazu gibt es unterschiedliche Mutmaßungen. Eine mögliche Adresse ist „Hinterm Weberhaus“.

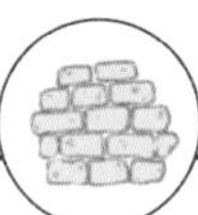

Wem die Mauern flüstern

Wie beinahe jeden Morgen in den letzten sieben Jahren erwachte der Steinmetz Jost noch vor dem Morgengrauen, obwohl er meistens einer der Letzten war, der die Bauhütte verließ und erst weit nach Mitternacht einen unruhigen Schlaf gefunden hatte. Der Grund dafür war das größte und bedeutendste Bauvorhaben der Stadt: die Basilika zu Ehren des Heiligen Ulrich.

Im Gegensatz zu seinem Baumeister Valentin Kindlin, der ursprünglich aus Straßburg stammte, und den zahlreichen reisenden Handwerkern, die angezogen durch die renommierte Großbaustelle aus dem gesamten Reich angeheuert hatten, stammte er von hier und kannte alle Legenden, die sich um den ehemaligen Augsburger Bischof rankten. Wenn nur die Hälfte davon wahr war, dann musste Ulrich ein gottesfürchtiger und gütiger Mann gewesen sein, der sich aufopfernd um seine Schäfchen gekümmert und so manchen auf den rechten Pfad zurückgelenkt hatte. Sogar von Wundern, die er gewirkt haben sollte, wurde gemunkelt.

Die Strahlkraft des Bistumsheiligen war es allerdings nicht, die Jost schlaflos machte, sondern der Bau selbst. Baumeister Kindlin sollte auf Anweisung der Kirchenoberen und des kleinen Rats vorhandene Pläne umsetzen, hatte aber auch seine höchst eigenen Vorstellungen. Zweifellos große Kunst, aber ob das wirklich immer zusammenging?

Jost wusste, dass das einerseits eine Frage der Statik war, auch wenn er die Berechnungen dazu nicht selbst hätte durchführen können. Aber es hing eben auch von der Gunst höherer Mächte ab. In einer der Schenken hatte er erst neulich wieder einen unken hören: „Schee wird se, unsere neue Kirch, aber ob se nich dem Himmel zu nah kommt? Wie damals, beim Turmbau zu Babel?"

Manchmal hatte auch Jost diesen leisen, aber bohrenden Zweifel. Doch bisher war alles glatt gegangen. Gleichzeitig bereitete es Jost viel Freude zu erleben, wie der Bau wuchs und gedieh. Es war seine erste Kirche, und er wünschte sich nichts sehnlicher als ihre Fertigstellung zu erleben. Immerhin war er von Anfang an dabei. Inzwischen sogar als Steinmetzmeister.

Beim Aushub des Fundaments war er noch Geselle gewesen. Mit eigenen Augen hatte er gesehen, wie die Arbeiter beim Graben auf etwas gestoßen waren. Sie hatten sie nur mit einiger Mühe ans Licht befördern können – eine Steinfigur, die gleichermaßen etwas Dämonisches und etwas Himmlisches an sich hatte.

Die Arbeiter hatten nicht recht gewusst, ob sie sich fürchten oder vor ihr knien sollten. Also hatten sie Meister Kindlin gerufen. Der hatte nur kurz hingesehen und sofort voller Überzeugung verkündet: „Seht nur, man hat uns ein himmlisches Wesen geschickt, als Botschaft, dass wir mit unserem Bauplatz genau die richtige Wahl getroffen haben!“

Jost blieb skeptisch. Fanden sich göttliche Botschafter tatsächlich so tief in der Erde, war das nicht eher das Reich des Finsteren? Aber er sagte nichts.

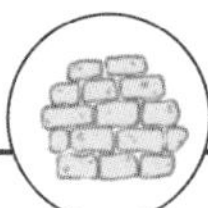

Sollten die anderen Arbeiter ruhig an Ulrichs Segen glauben – Panik auf der Baustelle konnte niemand gebrauchen. Es wäre nicht der erste Aberglauben gewesen, der sämtliche Arbeiter in die Flucht geschlagen hätte. Deshalb widersprach er den Jubelnden nicht: „Wir haben einen Engel befreit! Was für ein gutes Omen für unsere Basilika!"

Und die Kunde verbreitete sich. In der Stadt behaupteten sie, St. Ulrich selbst habe den Engel geschickt. Und so waren alle zufrieden und arbeiteten sogar mit neuem Elan weiter.

Der alte Fundamentstein, der zumindest Zeugnis über frühere Bauten ablegte, wurde geborgen und sollte erhalten bleiben. Nur Jost zwickte und drückte es in der Magengegend, und der Steindämon verfolgte ihn bis in den Schlaf. Hatten sie vielleicht doch das Böse befreit?

Diese innere Unruhe ließ Jost nun schon seit vielen Jahren jeden Handgriff besonders sorgfältig ausführen, alles im Blick behalten und zweimal kontrollieren. Das hatte ihn nicht nur zum Meister gemacht, sogar Baumeister Kindlin suchte immer wieder seinen Rat, weil ihm Josts Sorgfalt gefiel.

Genau diese trieb ihn auch heute. Es war fast windstill, und doch hätte man die Luft schier schneiden können, so schwer lag sie über der Stadt. Jost ging an den Mauern des Rohbaus entlang und sah alle paar Schritte in die Höhe. Er prüfte jeden Stein. Optisch gab es nichts zu beanstanden. Alles schien in Ordnung. Woher nur kam seine Unruhe?

Plötzlich vernahm er es. Zuerst nur ein zartes Wispern, nicht viel mehr als der Kuss eines Schmetterlings. Und doch ...

Jost legte ein Ohr an die Mauer. „Fliehe, fliehe! Fliehe rasch!" Er zuckte zurück. Lauschte erneut. „Rasch, rasch, rasch!"

Jost rannte los. So schnell ihn die Füße trugen. Zu Meister Kindlins Unterkunft, und er trommelte trotz der frühen Stunde an dessen Tür.

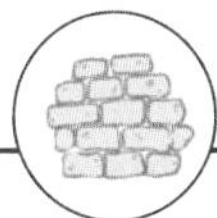

„Meister Kindlin, Ihr müsst kommen! Sofort!"

Mit verschlafener Miene öffnete Valentin Kindlin ihm. „Jost? Was ist geschehen?"

„Noch nichts, Meister. Aber die Mauer, sie flüstert und gemahnt uns zur Flucht!"

Es kam Jost wohl zugute, dass der Baumeister ihn als aufrechten und sonst eher wortkargen Mann kannte, der sich nicht so leicht einschüchtern ließ. Daher griff Kindlin sich seinen Mantel und folgte Jost. Kurz darauf standen sie gemeinsam an der hohen Kirchenmauer, und der Baumeister vernahm ebenfalls das Flüstern.

„Was hat das zu bedeuten?", fragte er. Jost zuckte mit den Schultern. Er wollte dem Meister nicht vorgreifen. Doch Kindlin beharrte: „Sag mir deine Meinung, Jost!"

„Die Geister dieser Kirche, egal auf welcher Seite sie stehen, wollen uns warnen, Herr."

„Was weißt du über die Geister dieser Kirche?", wunderte sich Kindlin.

„Wahrscheinlich nicht mehr als Ihr. Und vielleicht habt Ihr sie gnädig gestimmt, weil Ihr den alten Grundstein nicht zerstört habt ...",

„Der Engel", erinnerte sich Kindlin. „Was oder wer auch immer", meinte Jost. „Aber wenn wir die Warnung nicht ernst nehmen, sind wir Narren und verdienen die Konsequenzen!"

Langsam nickte Valentin Kindlin. Zumal sich in diesem Augenblick die ersten Sonnenstrahlen gerade durch die Wolken zwängten und gleichzeitig die Luft Atem holte. Ein Windstoß fuhr Jost und seinem Baumeister unter die Mützen und zupfte an ihren Gewändern. Wieder das Flüstern. Diesmal so laut, dass sie nicht erst die Ohren anlegen mussten.

„Schnell!", befahl der Baumeister. „Du musst alle Arbeiter wegbringen. Ich kümmere mich um die Geistlichkeit!"

Jost sauste los. In jedes Zelt, in jede Baracke an der Baustelle rief er hinein.

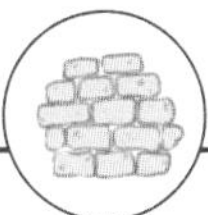

„Ein Unwetter zieht auf, bringt euch in Sicherheit!“

Ein paar Handwerker murrten, weil sie so früh geweckt wurden. Doch die allermeisten rafften rasch ihre Habseligkeiten zusammen und folgten.

Inzwischen hatte der Wind noch mehr an Kraft zugelegt. Die ersten leichten Werkzeuge wurden erfasst. Nägel, Pergament, Pinsel und selbst kleine Holzlatten wurde umher gewirbelt. Als Jost die Letzten geweckt hatte, rüttelte der Wind bereits kräftig an den Baugerüsten, so dass man kaum mehr sein eigenes Wort verstand. Davon angetrieben, verließ er mit den anderen Steinmetzen die Baustelle und trieb sie in die windgeschützteren Gassen der Stadt in Richtung Rathaus. Gehetzt kam ihnen Kindlin hinterher.

„Die Geistlichen“, ächzte er. „Sie wollen nicht gehen, sondern auf Gott vertrauen!“

Tatsächlich öffnete nun der Himmel alle Schleusen. Selbst die hartgesottensten Arbeiter verkrochen sich in den Ecken des Rathauskellers und mussten so wenigstens nicht mitansehen, was der Orkan anrichtete. Mit voller Kraft jagte er durch die Stadt, brachte Balken zum Bersten und ließ krachend Fassaden einstürzen. Hausdächer wurden reihenweise abgedeckt.

Als sich Jost und seine Handwerker wieder hinauswagen konnten, war der Schreck groß. Sie standen buchstäblich vor den Trümmern ihrer Arbeit. Vom Rohbau ihrer Kirche war kaum etwas übriggeblieben.

Das schlimmste Unwetter der Stadtgeschichte hatte kaum ein Haus völlig verschont. Hätten die flüsternden Mauern sie nicht gewarnt, wären die Arbeiter allesamt unter ihnen begraben worden. Wie durch ein weiteres Wunder des Schutzpatrons gab es in der Stadt überhaupt nur 35 Tote. Das aber waren ausgerechnet die Geistlichen, die sich geweigert hatten, sich in Sicherheit zu bringen.

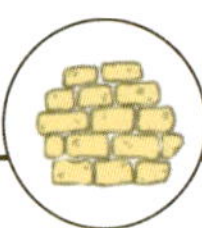

„Der Herr sei ihren Seelen gnädig! Aber wer seine Zeichen übersieht, dem kann wohl leider nicht einmal er helfen!", murmelte Kindlin neben ihm und reichte Jost die Hand. „Dank dir Jost, für dein gutes Ohr und dein wachsames Auge! Und schon jetzt dafür, dass du mir hilfst, eine Kirche zu planen, die Wind und Wetter trotzen wird!"

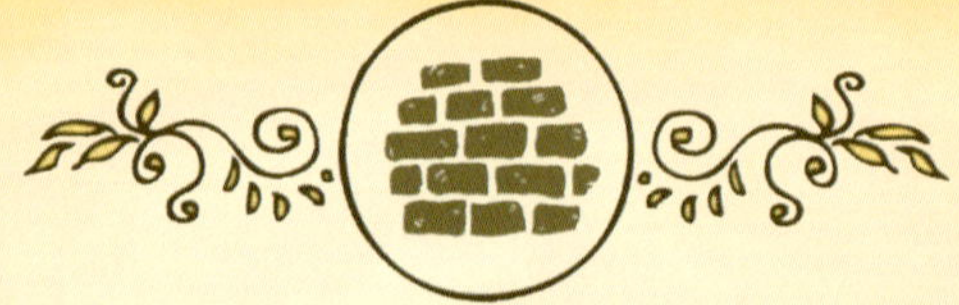

Die baufällige Vorgängerkirche von St. Ulrich musste abgetragen und neu gebaut werden. Man begann damit im Jahr 1467. Baumeister war der Straßburger Valentin Kindlin, der wiederum Entwürfe von Hans von Hildesheim ausführen und ergänzen sollte. Ob hier vielleicht zu viele Köche am Werk waren und deshalb den Brei verdarben?

Am 29. Juni 1474 fiel nämlich der Rohbau einem heftigen Orkan zum Opfer. Teile stürzten wie ein Kartenhaus in sich zusammen und begruben tragischerweise 35 Personen unter sich, die sich nicht rechtzeitig in Sicherheit gebracht hatten.

Hätte es die Warnung der Mauern nicht gegeben, dann wären noch deutlich mehr Menschenleben zu betrauern gewesen.

Erst 1500 wurde der Wiederaufbau abgeschlossen, allerdings nicht mehr durch Kindlin, sondern bereits durch seinen Nachfolger Burkhart Engelberg.

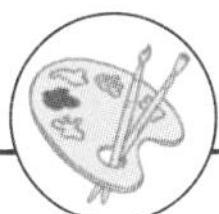

Das verborgene Bild

Augsburg war nicht nur eine Stadt der fleißigen Händler, sondern längst fanden sich dort auch begabte Künstler ein. Große Namen waren darunter und trugen den guten Ruf weit über die Stadtmauern hinaus. Davon hörte auch ein Edelmann, der zum Gefolge des Kaisers gehörte. Eine große Ehre für ihn und sein Haus, allerdings auch mit einem gewissen Nachteil verbunden. Genau wie der Kaiser selbst war man als sein Gefolgsmann beinahe ständig unterwegs. Nur wenige Tage im Jahr verbrachte er auf seinem Familiensitz, den Rest musste er auf fremden Burgen nächtigen und nicht selten blieb ihm, da er nicht zum Hochadel gehörte, sogar nur ein schlichtes Zimmer in einer Herberge. Oh weh, was schmerzten da morgens oft die Glieder!

So sehnte er sich fast mehr nach seinem eigenen Bett als nach dem ihm angetrauten Eheweib. Der Kaiser hatte das Dilemma auf seine Weise gelöst, in seinem Geleit wurde seine Bettstatt mitgeführt. Doch dieses Privileg stand eben nur seiner Majestät zu.

Um sich darüber hinwegzutrösten, trug der Edelmann eine ganze Weile schon eine Idee mit sich herum, in Form eines dünnen Holzbretts. Das hatte er sich von einem Schreiner anfertigen lassen. Die Seiten nicht größer als eine halbe Elle, damit es in seine Satteltaschen passen würde. Die Gelegenheit schien nun gekommen, der Edelmann machte sich auf ins Lechviertel und klopfte an die Tür eines Malers, der ihm als einer der Besten empfohlen worden war.

„Seid mir gegrüßt, Meister! Ein besonderes Anliegen führt mich zu Euch."

Er reichte ihm sein Holzbrett. „Könnt Ihr mir hierauf eine Bettstatt malen? Ein Bett, in das man hinein versinken möchte, eines, das dem Schläfer die

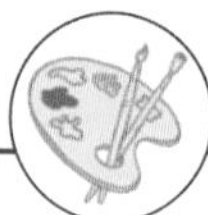

angenehmsten Träume verheißt und ihn wohlgeruht zur Morgenstund erwachen lässt?"

„Das möcht ich meinen!" Der Maler reckte stolz die Brust. „Ich werde ein Bett für Euch malen, das Ihr gar nicht mehr verlassen wollt!"

Zwei Tage später trat der Edelmann wieder in die Malerwerkstatt und stieß einen Seufzer aus, als er sein Bild sah. „Ach, Ihr dürft Euch wahrlich Meister nennen! Sogar schöner als ich's erinner! Sofort möcht man sich niederlegen!" Er trat noch ein Stück näher zur Staffelei. „Aber ..."

Sofort war der Maler neben ihm: „Was fehlt Euch, Herr? Sprecht rundheraus, schont nicht des Künstlers Seele!"

„Mein Fehler", erwiderte der Edelmann, „ich hätte gleich sagen sollen, dass es nicht nur ums Bett, sondern um das gesamte Schlafgemach geht! Vom Zierrat bis zum Brunzkächelein soll alles an seinem Platz sein, so bitt ich Euch!"

Der Maler griff also erneut zum Pinsel und als der Edelmann wiederkehrte, war er noch verzückter als beim ersten Mal.

„Ihr habt meinen Geschmack hervorragend getroffen, als ob Ihr einen Blick in meine Gemächer geworfen hättet, ohne je dort gewesen zu sein!"

Geschmeichelt verbeugte sich der Maler. Doch schon zeigte sich erneut ein Schatten auf der Miene des Edlen.

„Was ist mit Euch? Schmerzt die Erinnerung? Oder habe ich etwas vergessen, das Euch besonders am Herzen liegt?"

„Nein, nein, ich dachte nur gerade daran, wie es wäre in dieser Pracht des nächtens zu erwachen und ..."

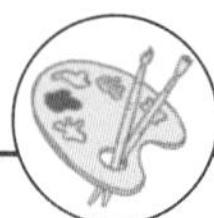

Der Maler lächelte wissend. „Ich verstehe! Kommt in zwei Tagen wieder!"

Die Zeit kam dem Edelmann wie eine Ewigkeit vor. Seine Aufgaben für den Kaiser erledigte er fahrig und an Einschlafen war in den zwei Nächten kaum zu denken. Selbst der Appetit war ihm vergangen. Hätte er deutlicher werden sollen? Was, wenn der Maler nur das Stillleben beherrschte? Würde er am Ende sein schönes Bild lediglich um eine Bettpfanne ergänzen, um die Kälte zu vertreiben?

Von dieser Sorge getrieben stürzte er am zweiten Morgen so früh es eben noch schicklich war zum Haus des Malers. Er fand den Meister an seiner Staffelei.

„Oh, da seid Ihr schon, ich bin gerade fertig", begrüßte der Maler ihn.

Als der Edelmann ihm über die Schulter blickte, war es um ihn geschehen. Auf dem Bett saß nun ein weibliches Wesen, an Schönheit einer Elfe gleich und lächelte ihn liebevoll an.

„Gefällt sie Euch?", fragte der Maler.
„Ich würde sie vom Fleck weg heiraten, wenn sie mir über den Weg liefe!"
„Dann habe ich nun wohl all Eure Wünsche erfüllt?", fragte der Meister stolz und sich der Zustimmung und seines Lohnes gewiss.

Jedoch der Edelmann zeigte auf Pinsel und Palette: „Einen letzten Dienst müsst Ihr mir noch erweisen, dann will ich Euch mit diesem Beutel voll Gold entlohnen."

„Was fehlt Euch noch?", brummte der Maler enttäuscht.
„Nichts, es ist perfekt!", lobte der Edelmann. „Deswegen sollt Ihr mir nun einen dichten Vorhang über das Bild malen. Verwendet doch gleich dieses dunkle Grün hier!"

„Einen Vorhang? Über das gesamte Bild?"

Der Edle nickte. Der Maler war entsetzt: „Wenn Ihr es nicht sehen wollt, dann lasst es hier, ich finde einen anderen Käufer!“

„Ich habe es gesehen und die Erinnerung für immer in mein Herz geschlossen. Nun soll es kein anderer je sehen! Ich aber will die Tafel mit mir führen und habe mein perfektes Schlafgemach stets bei mir!“

Der Edelmann hörte wohl das Murren des Malers und war sich der Enttäuschung des Künstlers bewusst, dennoch beharrte er auf diesem seinem Anliegen. Er blieb neben dem Maler stehen und überwachte, dass auch

wirklich jeder Winkel seines Bildes mit den Falten eines grünen Vorhangs übermalt wurde. Zufrieden reichte er dem Meister anschließend die Gulden und zog fröhlich und leichten Fußes von dannen und fühlte sich nie mehr einsam.

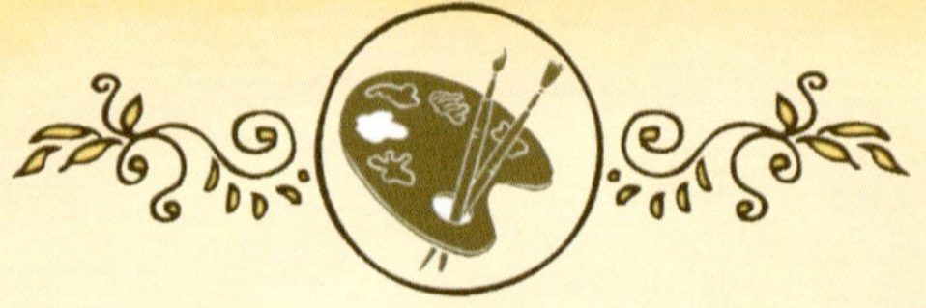

Wer der Maler und der Edelmann waren, ist nicht gewiss. Genauso wenig, ob es das Bild mit dem Vorhang wirklich gegeben hat. Aber es könnte durchaus Hans Holbein der Ältere gewesen sein, der seinem Auftraggeber jeden Wunsch erfüllte.

Und so beflügelte der Maler die Vorstellungskraft mit seinem Bild, dass man es nicht einmal mehr sehen musste, um sich hineinzuträumen.

Sollte heute jemand in einer Burg oder einer Galerie ein Bild mit Vorhang entdecken und sich fragen, was dahinter verborgen werden sollte, dann weiß er jetzt Bescheid!

Eine Rekonstruktion von Hans Holbeins Wohnhaus findet man noch heute sehr malerisch gelegen im Lechviertel, wo man in einer Galerie im Erdgeschoss wechselnde Ausstellungen bewundern kann. Holbein wohnte dort von 1496 bis 1515. Sein Sohn, der später ebenso berühmt wurde, Hans Holbein der Jüngere, wurde im Winter 1497/98 in dem Haus geboren.

Dem Fugger sein Hund

Es gab einmal einen Hund. Der hatte es eigentlich recht gut erwischt, er war nämlich dem Fugger sein Hund. Die Fuggers waren zu jener Zeit die reichsten und angesehensten Patrizier der Stadt. Sie hatten es geschafft von einfachen Webern zur reichsten Handelsfamilie im süddeutschen Raum und weit darüber hinaus aufzusteigen. So reich und angesehen waren sie, dass man Augsburg sogar die Fuggerstadt nannte, Könige speisten mit der Familie, und der Kaiser lieh sich von ihnen Geld.

Diese menschlichen Maßstäbe interessierten den Hund allerdings wenig. Für ihn zählte das warme Plätzchen, das sein Herr Fugger ihm bot. Er bekam nicht nur, was in der Küche abfiel, sondern ihm wurde das Futter in einem Extranapf gereicht, so dass er zu den Füßen seines Herren speisen konnte.

Dieser erzog ihn streng, hatte aber auch immer freundliche Worte für ihn übrig und streichelte ihm anerkennend über den Kopf, wenn der Hund seine Pflicht gut erfüllte. Der Hund wusste, wie viel besser es ihm ging als den anderen Hunden, als wahrscheinlich jedem anderen Tier in der Stadt, und er liebte seinen Herrn von ganzem Herzen. Eifrig lernte er, wie er seinem Herrn zum Dank eine Freude machen konnte, um sich noch mehr Lob zu verdienen.

Zeit war es, die seinem fleißigen Herrn allzu häufig fehlte, vor allem Zeit sich um die eigenen Annehmlichkeiten zu kümmern, denn stets musste der Fugger die Nase in dicke Geschäftsbücher stecken oder mit gewichtigen Leuten Gespräche führen. Deshalb hatte der Hund sich von selbst angewöhnt, sich um seinen Herrn zu kümmern. So überreichte er dem Herrn Fugger zum Beispiel seinen Hut, wenn er sich anschickte, das Haus zu verlassen oder bellte vernehmlich, wenn ein Besucher das Arbeitszimmer betrat und sein Herr zu vertieft war, um jenen gleich zu bemerken. Dann tätschelte der Fugger den Hund, sobald sie wieder alleine waren: „Du bist wahrlich mein treuester Beschützer!“ Der Hund freute sich.

Was lag da näher, als auch kleine Botendienste für seinen Herrn zu erledigen? Als sein Herr eines Tages hektisch beim Zwölfuhrläuten beinahe sein Schreibpult umstieß, rief er: „Grundgütiger, ich wollte doch noch Leinenmuster in die Zunft schicken, und nun steht gleich der Baumeister vor dem Tor, um mit mir die Pläne für die Kapelle zu besprechen!“

Der Hund zögerte nicht, schnappte sich den Stoff und wedelte mit dem Schwanz. Seine Herr begriff sofort und jubilierte: „Ach wären doch nur alle meine Arbeiter so eifrig und gewitzt wie du! Warte, ich gebe dir noch ein Schreiben mit!“

Er kritzelte ein paar Zeilen auf ein Pergament und schob es dem Hund zum Linnen ins Maul. Der sauste los. Wo die Zunft war, wusste er genau, dort waren sie schon sehr häufig gewesen.

Als er ankam, staunten die Webermeister und ihre Gesellen nicht schlecht, als er ihnen das Musterleinen und die Erklärung zu Füßen legte. Noch bevor sie es recht begriffen hatten, machte er sich schon wieder auf den Rückweg zu seinem Herrenhaus. Es sprach sich herum, was der Fugger für einen Prachtkerl von Hund hatte, und von dem Tage an sah man ihn öfter für seinen Herrn rennen.

So kam es, dass der Fugger ihm einmal einen kleinen Korb hinstellte, in dem ein paar Münzen und seine Bestellung für die Stadtmetzg, der zentralen Schlachterei Augsburgs, bereit lagen.

„Seid Ihr sicher? Die Aufgabe ist doch ein bisschen groß", gab sein Diener zu bedenken. „Soll nicht besser ich ...", der Fugger unterbrach ihn: „Bevor mein Hund sich vom Fleischgeruch verführen lässt, frisst eher du mir meine Würste weg!"

Mit den besten Absichten rannte der Hund los. Der Hinweg war kein Problem, es ging bergab ins Handwerkerviertel, und bei den Metzgern erwartete man ihn schon. Für den reichen Fugger wurden dem Hund selbstverständlich die besten Stücke in den Korb gelegt, und schon konnte er sich wieder auf den Rückweg machen.

Doch da kam er nicht mehr so leicht und unbeschwert voran. Die Straßenköter hatten Wind von der Lieferung bekommen. Den ersten, den der Hund sah, knurrte er laut an, ohne auch nur langsamer zu werden. Eingeschüchtert zog der Köter sich zurück, kläffte aber seine Botschaft durch die Gasse, sobald der Hund ein Stück weiter war.

An der nächsten Straßenecke waren sie schon zu zweit – an der übernächsten zu dritt und schließlich flankierten sie den Hund paarweise, trieben ihn zwischen sich in die Enge und lenkten ihn in eine dunkle Sackgasse um. Dort umringten sie ihn. Der Hund stellte den Korb ab und fletschte die Zähne. Er war bereit das Fleisch seines Herren zu verteidigen!

Die ersten Angreifer bellte und biss er tapfer beiseite. Doch aus sämtlichen Gässlein kamen weitere Ausgehungerte dazu. Sie zogen den Kreis immer enger um den Hund.

„Gib uns deine Beute freiwillig!“, knurrte der Anführer des Rudels.
„Nur über meine Leiche!“, knurrte der Hund zurück.
„Wie du willst“, drohte der Anführer, „dann erledigen wir zuerst dich und holen sie uns danach!“

Der Hund schnappte nach ihm. Aber als der erste Biss ihn in die Flanke traf, musste er einsehen, dass die Übermacht einfach zu groß war. Er gab seine Stellung auf und überließ seinen Gegnern wohl oder übel das Fleisch.

Das Jubelgeheul des Rudels verletzte ihn fast mehr als der Biss. Was würde sein Herr wohl mit ihm machen, wenn er ohne dessen Bestellung nach Hause kam? Doch als er sich gerade mit eingezogenem Schwanz um die nächste Ecke gedrückt hatte, hörte er den Anführer rufen.

„Wir feiern alle zusammen! Jeder Hund bekommt seinen Anteil!“

Das brachte den Hund auf eine Idee. Er drehte um und stellte sich ebenfalls in die Schlange an. Wer konnte schon wissen, wann er ansonsten wieder etwas zum Fressen bekam?

Und damit sollte der Hund durchaus recht behalten. Sein Herr Fugger war mächtig enttäuscht und überzog ihn mit Schimpf und Schande. In der Annahme der Hund hätte einfach seine Lieblingswürste aufgefressen, ließ er ihn tagelang darben.

Wie es wirklich gewesen war, erfuhr der Fugger erst einige Zeit später auf dem Weg zum Gottesdienst von einem anderen Besucher, der es wiederum von ein paar Bewohnern jener Hinterhöfe gehört hatte. Durch das laute Gebell aufmerksam geworden, hatten sie den Kampf der Hunde vom Fenster aus ebenso beobachtet wie das gemeinsame Fressen.

Wie ein Lauffeuer verbreitete sich die Geschichte – mit einer guten Portion reinster Schadenfreude für den reichen Herrn, bei dem eben auch nicht alles glatt und reibungslos lief. Beinahe ebenso groß war die Hochachtung für den Hund, der besser als so mancher Mensch begriffen hatte, wann man sich geschlagen geben und besser mit den anderen schlemmen sollte.

Bis heute hört man in Augsburg das Zitat: „... es machen wie Fuggers Hund!“

Die Fugger waren zu ihrer Zeit die einflussreichsten und entsprechend bekanntesten Bürger Augsburgs, weswegen man sich für ihre großen und kleinen Geschichten interessierte. Das ist in etwa vergleichbar, wie man heute den Klatsch über Promis und Sternchen weitertratscht.

Mit ihrem Reichtum wollten die Fugger, allen voran Jakob Fugger, auch Gutes bewirken und wohl gleichzeitig dafür sorgen, dass ihm und seiner Familie das später im Himmelreich als gute Tat angerechnet würde.

Er ließ 1521 die Fuggerstadt errichten – die älteste Sozialsiedlung der Welt. Die Miete beträgt bis heute nur 88 Cent Jahreskaltmiete für bedürftige Augsburger. Allerdings müssen sie heute wie damals katholisch sein, denn das Wohnrecht ist eben mit der Pflicht verbunden 3 x täglich zu beten!

Ein Hauch von Fugger und Zimt

Jakob Fugger, den sie den Reichen nannten, saß in seinem Palais und dachte nach. Der Kaiser hatte seinen Besuch angekündigt. Endlich! Karl V. war seit seiner Wahl noch nicht hier gewesen und das bei all der Mühe und vor allem den Unsummen, die Jakob seine Wahl gekostet hatte. Sein Großvater, Kaiser Maximilian I., hatte es bis zu seinem Ableben auf stolze 27 Besuche in Augsburg gebracht und in der Stadt sogar seinen eigenen Hausstand unterhalten. Zum Dank wurde unter anderem die Straße nach ihm benannt, in der des Fuggers Palast stand.

Was also hielt Karl ab, die Stadt und vor allem ihn, seinen Gönner, ähnlich oft zu besuchen? Konnte nicht Jakob Fugger seinem Kaiser mehr bieten als irgendeiner sonst in seinem Reich?

Aber vielleicht war es eben das, was Karl fernhielt? Der alte Kaiser Maximilian hatte gewusst, was ihn in Augsburg erwartete: feinste Speisen, edle Tropfen, jedweder Luxus. Karl kannte die Vorzüge Augsburgs nicht, noch nicht! Es war also an Jakob Fugger, die Gelegenheit zu nutzen und dem neuen Kaiser zu zeigen, wo es sich lohne, Halt zu machen, damit er künftig so gerne und häufig kam wie sein Vorgänger.

Also ließ er alles vorbereiten. Das Silber wurde auf Hochglanz poliert, es wurden üppige Blumenbouquets gebunden, die nicht nur schön anzuschauen waren, sondern auch ihren Wohlgeruch verbreiteten. Sogar Orchideen ließ er sich anliefern. Aus seinem Keller wurden die besten Weine geholt, und eine Jagd wurde für den Kaiser organisiert, vorsichtshalber wurden aber schon vorher einige Fasane gefangen und Wild eingelegt in einen Sud, der mit besonderen Gewürzen veredelt wurde, die Jakob unter anderem von seinem Handel mit Indien bezog. Pfeffer, Safran, Kurkuma und der besonders exklusive Zimt. Aus Frankreich ließ er Trüffel und Enten kommen.

Fisch erhielt er von seinen Handelspartnern der Hanse. Mit Samt und Seide, Perlen und Troddeln sollte nicht gespart werden, überall im Haus sollten Teppiche, Kissen und bequeme Sitzgelegenheiten zu finden sein, die zum Verweilen einluden. Der Kaiser sollte sich rundum wohl fühlen und idealerweise seinen Besuch verlängern oder mindestens den nächsten gleich in Aussicht stellen.

Und siehe da, der Pomp verfehlte seine Wirkung nicht! Fast wie ein Kind lief der neue Kaiser mit leuchtenden Augen durch des Fuggers Refugium, naschte hier eine Traube und bestaunte dort einen goldenen Käfig mit zwei exotischen Papageien. Beim Festmahl langte er ordentlich zu und ließ sich jede Platte mindestens zweimal reichen. Mit einem Seufzer ließ er sich anschließend auf einer Chaiselongue in Jakob Fuggers privatem Kaminzimmer nieder.

„Wahrlich vührnehm und prächtig hat er es, teurer Fugger!"

„Für Euch ist mir das Beste gerade gut genug, Eure Majestät!", erwiderte Jakob bewusst bescheiden.

Das eigentlich noch junge Gesicht seines Gegenübers legte sich in tiefe Falten: „Nicht einmal als Kaiser kann ich da mithalten. Ach, wie soll ich nur jemals all das zurückzahlen, was ich Euch schulde?"

Da wurde dem deutlich lebenserfahreneren Jakob schlagartig klar, warum sich sein Kaiser bisher so rar gemacht hatte. Er kannte das Spiel und die Spielregeln noch nicht, zumindest noch nicht vollständig. Nun galt es, ihm das beizubringen, möglichst eindrücklich, doch ohne ihn offensichtlich zu beschämen.

Jakob erhob sich und schritt – in dem Bewusstsein, dass jeder seiner Schritte Beachtung fand – ohne Eile zu seinem Sekretär am anderen Ende des Raums. Mit einem Schlüssel öffnete er eine Schublade und entnahm ihr ein Bündel Pergamente. Er kehrte zurück zu seinem Kaiser.

„Das, Eure Majestät, sind Eure Schuldscheine." Er lächelte. Dann nahm er sich aus einem kleinen Behälter, der auf einem Tischchen stand, etwas heraus. Es waren Stangen von dem kostbaren Zimt, die dort ihren würzigen Duft verbreiten sollten.

Er ging zum Kamin und entzündete die Zimtstangen am Feuer, hielt nun eine Ecke der Pergamente an die glimmenden Stangen, bis sie ihrerseits Feuer fingen und warf schließlich alles zusammen in den Kamin. Das Feuer loderte hoch und roch gar köstlich dabei.

„Ihr habt meine Schulden verbrannt?", wunderte sich Karl.

„So ist es, Eure Majestät. Eine Freundschaft entsteht besser ohne Schuld!"

„Aber das war ein Vermögen!"

Wieder lächelte der Fugger: „Das ist mir Eure Freundschaft wert, Majestät! So wie ich es Euch bestimmt wert bin, an mich zu denken, wenn in Euren Gebieten in Spanien neue Silberminen entdeckt werden, für die die Schürfrechte zu vergeben sind. Eine mühsame Arbeit, die ich als Freund gerne für Euch übernehmen werde!"

Nun lächelte auch der junge Kaiser. Er hatte verstanden!

Ob Jakob Fugger diese Schuldscheine tatsächlich verbrannte, die immerhin einen Wert von mehr als 500 000 Gulden gehabt haben sollen, ist höchst fraglich. Aber so wird es sich in Augsburg erzählt. Sicher ist, dass besonders Jakob Fugger der Reiche wusste, wie er den Einfluss seines Geldes nutzen konnte.

Aber wie wurden die Fugger eigentlich so reich?

Sie haben nämlich eigentlich ganz klein angefangen, im 14. Jahrhundert mit einer bescheidenen Weberei. Etwas später sind sie dann in den Baumwollhandel mit Italien eingestiegen und damit reich geworden. Mit dem Geld beteiligten sie sich dann am Bergbau und konnten mit Bodenschätzen wie Erz, Silber und Kupfer ihren Reichtum und ihre Firma zu einem Weltimperium ausbauen.

1511 wurden die Fugger sogar in den Adelsstand erhoben. Entsprechend überrascht es nicht, dass die Residenz der Familie wie ein prächtiger Stadtpalast anmutet.

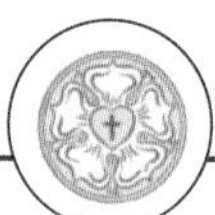

Martins Flucht

Er zitterte am ganzen Leib. Was hatte er sich nur dabei gedacht? Sich mit der gesamten Kirche anzulegen, sich den Papst zum Feind zu machen? Das war nicht nur leichtsinnig, sondern lebensmüde! Auf seiner Anreise nach Augsburg hatte ihm bereits geschwant, wie gefährlich der Besuch für ihn enden könnte. Wie gerne hätte er sich verweigert! Aber man hatte ihn zum Reichstag geladen, und wen der Kaiser rief, der konnte nicht fernbleiben.

Wobei ihm wohl bewusst war, dass es weniger eine Einladung als eine Vorladung war. Er sollte seine 95 Thesen verteidigen, die er vor rund einem Jahr an die Tore der Schlosskirche zu Wittenberg genagelt hatte. Ihm war klar, dass sie ihn zu zwingen suchten, seine Kritik an der Kirche zu widerrufen. Wenn er allein an das wutverzerrte Gesicht von Cajetan dachte, diesem feisten Kardinal, den sie ihm aus Rom auf den Hals gehetzt hatten.

Ihm wurde ganz anders zumute, aber trotz seiner Angst vor der drohenden Strafe, hatte er nicht klein beigegeben. Er wollte weder seinen Glauben noch seine Überzeugung verraten! Allerdings hatte er auch keinen Zweifel daran, dass man nun dazu übergehen würde, ihn mundtot zu machen. Sie würden ihn ganz offiziell anklagen und dann auf dem Scheiterhaufen verbrennen! Das begriffen auch die wenigen Vertrauten, die ihm hier noch geblieben waren, und sie taten gut daran, ihm nicht allzu offen zur Seite zu stehen, um nicht selbst in Ungnade beim Heiligen Stuhl zu fallen.

Sein Freund Christoph hatte ihm kaum hörbar zugeraunt. „Verschwinde, Martin, solange du noch kannst! Wenn sie dich richten, verlieren die Leit' die Hoffnung, die du ihnen gerade erst geschenkt hast!"

Äußerst bereitwillig hatte er sich zur Flucht überreden lassen. Er sollte nur zum Tor hinaus.

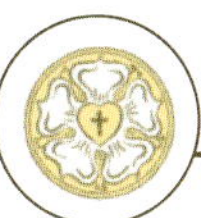

„… der Wächter ist einer von den meinigen“, hatte Christoph ihm leise versichert. „Er wird dich auch nach Torschluss hinauslassen. Nun geh rasch, ich werde für Ablenkung sorgen, um dich zu decken. Ich stelle einen komplizierten Antrag für die Stadt. Aber allzu lange werde ich sie nicht hinhalten können.“

So war er aus des Fuggers Palast hinaus auf die breite Hauptstraße gehastet und hatte sich wie empfohlen auf den Weg nach unten ins Handwerkerviertel gemacht. Immer mit einem halben Ohr nach hinten lauschend, ob sie ihm schon folgten. Noch schien niemand sein Verschwinden bemerkt zu haben. Trotzdem klopfte sein Herz bis zum Hals. Wohin sollte er sich nun wenden? Wie hatte sein Freund das Tor genannt? Das Einzige, was er noch wusste: Es war nicht dasselbe Tor gewesen, durch das er gekommen war. Aber was nutzte ihm das? In Augsburg gab es bestimmt zig Stadttore und wenn er ehrlich war, konnte er sich an kein einziges erinnern. Erst recht nicht in der Dämmerung.

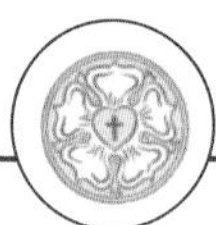

Panisch sah er sich um. Er rannte ein paar Schritte in die eine Gasse, konnte am Ende keine Stadtmauer erkennen, rannte zurück und in die nächste Gasse. Wieder nichts.

Mittlerweile hätte er nicht einmal mehr zurück zum Fuggerpalast gefunden. Doch das hieß noch lange nicht, dass sie ihn nicht finden würden. Mit jeder Minute wurde er ein leichter zu schnappendes Opfer.

Er vernahm das Plätschern des Stadtbachs, aber selbst das hörte sich in der Dunkelheit nicht mehr fröhlich und lebenslustig an, sondern kam ihm vor, als würde das Wasser über ihn spotten. „Ich reiß dich mit, ich reiß dich mit, ich reiß dich …"

Er rannte weiter, rannte und rannte, bis er kaum noch Luft bekam. Schwer atmend stützte er sich an einer Hauswand ab. Jetzt bloß nicht zusammenbrechen!

Hinter ihm vernahm er ein kaum wahrnehmbares Geräusch – einen Lufthauch nur. Martin fuhr herum. Ein Schatten löste sich aus einem Hauseingang und kam näher. Auch jetzt konnte er nicht viel mehr als einen schwarzen Umhang erkennen.

„Der Nachtwächter", dachte Martin und wollte schon erleichtert aufatmen. Bis ihm einfiel, dass mit dessen Ruf die Nacht besiegelt sein würde. Andererseits – konnte und sollte er es wagen? Ein Nachtwächter kannte doch seine Stadt und jedes Tor … Bevor er den Mund auftun konnte, schob sich etwas unter der Mantelkapuze seines Gegenübers empor. Unweigerlich stolperte Martin rückwärts. Das konnte nicht, das durfte nicht, das war doch nicht wahr – es waren Hörner!

Der Schatten war nicht der Nachtwächter. Das war der Leibhaftige! Martin gefror das Blut in den Adern. Da wären ihm sogar Cajetan und seine Häscher willkommener gewesen! Er ahnte, dass eine Flucht vor der Hölle sinnlos war, aber versuchen musste er es dennoch.

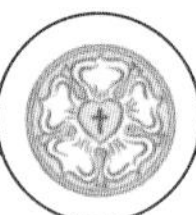

Von Panik getrieben stolperte er los. Der Schatten blieb ihm mühelos auf den Fersen. Ein Flüstern drang an Martins Ohr.

„Dahinab!"

Tatsächlich! Da war eine schmale Gasse.

Ohne den Hinweis hätte Martin sie übersehen. Aber konnte er dem Dunklen trauen?

Er blieb stehen, versuchte, wenigstens das Gesicht unter dem Umhang zu erkennen. Ein Tumult weiter oben im Viertel lenkte ihn ab. Was nun? Wem trauen?

„Dahinab Martin Luther, wenn du überleben willst!"

Der Teufel kannte sogar seinen Namen! Aber er verlangte nichts weiter, keine Gegenleistung, nicht seine Seele. Martin gab sich einen Ruck und traf seine Entscheidung. Er folgte dem langen dunklen Mantel dahinab und sogar noch weiter.

Die Strecke zur Stadtmauer war viel kürzer als er es angenommen hatte, und schon war auch ein Stadttor erreicht. Die großen Torflügel waren bereits geschlossen. Aber der Wächter winkte ihn mit einer Fackel durch eine Seitenpforte.

Martin wandte sich noch einmal rasch um. Nun, im Fackelschein, musste sich das Antlitz seines Wegweisers erkennen lassen. Aber er blickte bloß auf eine menschenleere Straße zurück.

„Kommt!", drängte der Wächter und Martin folgte. Auf der anderen Seite wartete ein Reittier und sein Freund Christoph: „Wo warst du nur so lange, ich fürchtete schon, man hätte dich erwischt!"

Martin nickte: „Ich auch, mein Lieber, ich auch!“

Martin Luther entkam in jener Nacht aus Augsburg – und der Rest ist Religionsgeschichte ...

Durch welches Tor genau Luther am 20. Oktober 1518 Augsburg fluchtartig wieder verließ, ist tatsächlich nicht ganz gewiss, es könnte zum Beispiel das Klinkertor gewesen sein, das heute nicht mehr steht.

Es gab damals aber auch ein Tor am Gallusbergle, wo heute eine Gedenktafel auf Martin Luthers Flucht hinweist. Hier „flüstert“ der so bezeichnete Weg die Botschaft: „Dahinab.“

Aber wer nun wirklich sein Helfer durch die dunklen Gassen war und wo genau er ihn entlangschleuste, bleibt bis heute ungeklärt. Die einen vermuten einen Unterstützer Luthers, der zur eigenen Sicherheit lieber unerkannt bleiben wollte. Für die anderen war es der Fürst der Finsternis, der Luther den Weg wies, weil er seinen Vorteil darin erkannte, mit diesem Manne die Kirche zu spalten, so wie es später auch kam.

Gewiss ist jedenfalls, dass Martin Luther entkam und er seine Thesen und Ideen weiter verbreiten konnte.

S'Turamichele

Als selbst das Himmelreich noch jung war, war es auch mit dem himmlischen Frieden noch nicht sehr weit gediehen. Das lag nicht zuletzt an den Engeln. Sie hatten ihre Eitelkeit noch nicht abgelegt. Im Gegenteil: Einige von ihnen stellten sich mit Wonne zur Schau und waren insgeheim der Ansicht, den anderen überlegen zu sein. Allen voran ein Engel mit Namen Luzifer.

Er betrachtete die Welt von oben und gelangte zu der Überzeugung, dass sie nach seinem Vorbild noch viel besser geraten wäre. Sein Tag wäre noch heller gewesen und seine Nacht definitiv finsterer! Sein Land wäre größer und gewaltiger, das Wasser von berauschender Wirkung und die Pflanzen nicht nahrhaft und vergänglich, dafür allesamt von betörendem Duft und üppiger Schönheit. Es hätte nicht nur eine, sondern unzählige Sonnen gegeben, kein Platz für einen Mond, und auch die unbedeutenden Sterne hätte er in den Schatten gestellt. Mit Kleintieren wollte er sich gar nicht erst befassen, dafür hätte sein Mensch alles auf Erden überragt. Nur zu ihm hätten sie aufgeblickt. Er wollte niemals ruhen, und diese Atemlosigkeit sollte auch seine Schöpfung erleben. Sie sollten ihn glühend lieben und ihre Ehrfurcht sollte wahre Furcht bedeuten.

Einige Engel widersprachen ihm, es sei doch alles gut, so wie es war. Die Schöpfung könne man nicht verbessern.

Doch andere ließen sich blenden. Sie applaudierten dem wortgewaltigen Luzifer, der seine Welt in den prächtigsten Farben zu schildern verstand. Sollte er doch aufsteigen und sich auf den höchsten Thron setzen, wenn er die Gabe hatte, solche Taten zu vollbringen.

Das Gegenmurmeln der Empörten wurde von ihren lauten Beifallrufen übertönt. Beinahe hätte Luzifer sogar ohne Aufstand gewonnen. Doch dann, sie wussten selbst nicht wieso, verstummten sie alle.

In diesen Moment der Ruhe fragte ein einzelner Engel: „Wer ist wie Gott?“

Er fragte es in der Sprache der Engel, weswegen es sich anhörte wie „Mi cha El?“ Damit gab er sich seinen Namen selbst.

Seine Frage öffnete den Bedächtigen die Augen. Sie erkannten, dass sie sich wehren mussten, dass etwas auf dem Spiel stand, das sich zu verteidigen lohnte: die Freiheit und das Gleichgewicht der Welt.

Wer immer noch in Engeln nur die Sanftheit mit Flügeln und weißen Gewändern vermutet, hat den folgenden Kampf nicht erlebt, der wie nie vorher und nie wieder danach das Himmelreich erzittern ließ. Luzifer zeigte seine wahre Gesinnung und nahm die Gestalt eines grausigen Wesens an, das Feuer spuckte und alles zu vernichten drohte: ein riesiger Drache, unbarmherzig und grausam in seinem Ziel, alle zu unterwerfen.

Seine Gegner konnten das Untier kaum im Zaum halten und schon gar nicht besiegen. Erst als Michael – so nannten sie ihn nun alle – sein Schwert in Flammen tauchte und damit auf den Drachen zuhielt, konnte er ihn zu Boden ringen und er warf ihn aus dem Reich, hinab in die Finsternis, die Luzifer selbst heraufbeschworen hatte.

Von dem Tage an war und blieb Michael der wahre Beschützer des Himmels, er wurde zum Erzengel erkoren.

Damals ahnte Michael vermutlich selbst noch nicht, dass dieser Kampf niemals vollständig beendet sein würde. Denn eines hatte Luzifer geschafft, er hatte das Böse in die Welt gebracht, dem man stets aufs Neue entgegentreten musste.

Auch Augsburg hatte bereits vor vielen hundert Jahren zu wählen, auf welcher Seite es stehen wollte. Im Namen der Stadt erbat sich der Rat: Begabte Handwerker, die am Tage mit ihrem Fleiß die Stadt zur Blüte brächten und so wenig wie möglich lichtscheues Gesindel, das in der Dunkelheit sein Unwesen triebe. Klares Trinkwasser in den Brunnen, genug Regen für die Felder, auf dass den Bauern stets genug Korn und eine gute Ernte beschert wäre. Die Ruhe und Kraft des Nachdenkens, bevor Engstirnigkeit und Überheblichkeit die Oberhand gewinnen könnten. Dafür versprach man den respektvollen Umgang mit der Schöpfung, mit Tier und Natur und nicht zuletzt mit den Menschen.

„Augsburg möcht‘ stehen für den Frieden zu allen Zeiten!“

Um diesen anspruchsvollen Kampf nicht allein ausfechten zu müssen, holte der Rat sich einen starken und wahrhaftigen Helden auf seine Seite. Einmal im Jahr sollte er antreten und das Böse aus der Stadt vertreiben. Bewegend und eindrucksvoll sollte das Spektakel sein, damit jeder es sich als Vorbild nähme.

Also ließ man einen beweglichen Michael aus Holz erschaffen. Am geschmückten Fenster des Perlachturms tritt er auf, sticht mit seinem Flammenschwert zu jedem neuen Glockenschlag zu und besiegt das Böse.

Dafür wird er damals wie heute rundum an seinem Namenstag, dem 29. September, von den Augsburgern beklatscht und bejubelt.

Seit 1526 ist in einem Fenster des Perlachturms das außergewöhnliche mechanische Figurenspiel, das Turamichele, zu bewundern. Es stellt den Kampf des Heiligen Michael mit dem Teufel dar.

Nur rundum den Namenstag des Heiligen, am 29. September, ist das Spektakel zu sehen. Dafür wird extra das Fenster des Turamicheles prächtig geschmückt.

Die Augsburger feiern zu diesem Anlass ein großes Fest, es ist eines der ältesten Familienfeste Deutschlands. Abgesehen vom Auftritt des hölzernen Michaels zu jeder vollen Stunde, werden Ballons mit Friedensbotschaften in die Luft geschickt, es wird das Turamichele Lied gesungen, Gedichte vorgetragen, es gibt Malwettbewerbe, Drachenbacken und vieles mehr, was einen Besuch besonders mit Kindern lohnt.

Der Turmbau von Elias Holl

„Wird es auch standhalten?“, fragte der Bürgermeister Welser, und seine Skepsis war ihm allzu deutlich anzumerken. Elias Holl ärgerte sich. Hatte er nicht mehrfach seine Qualität bewiesen? Bereits bei seinem ersten Bau, dem Zeughaus, das er von seinem Vorgänger im Amt des Stadtwerkmeisters übernommen hatte?

Da er auch das solide Maurerhandwerk gelernt hatte, hatte er sofort erkannt, dass mit dem begonnenen Bau einiges im Argen lag und war noch rechtzeitig eingeschritten. Nun sah es nicht nur prächtig aus, sondern erfüllte mindestens ebenso stabil und solide seinen Zweck.

Dass er sich anfangs noch bei den Fassaden von diesem Maler Joseph und dem Bildhauer Hans unterstützen und beraten lassen musste, war einsehbar gewesen. Mit nicht einmal dreißig Lenzen war er noch sehr jung gewesen und hatte noch nicht so viel Erfahrung wie heute vorzuweisen gehabt.

Doch inzwischen konnten sich die Herren der Stadt doch alle mit eigenen Augen überzeugen: Der Umbau des Wertachbrucker Tors war ihm ebenso wunderbar gelungen. Die Fleischbank für die Metzgerzunft war ein wahrer Geniestreich, schon allein, weil er durch die Wahl der Lage über dem Lech für ausreichend Kühlung und die Entsorgung der Abfälle in einem gesorgt hatte. Wie oft hatten ihn die Ratsherren oder Bürger sogar auf offener Straße dafür schon gelobt.

Und jetzt ging dieses ganze Misstrauen von vorne los. Bloß weil es um den Perlach ging. Er wusste doch besser als sie alle miteinander, dass der Turm aus dem 10. Jahrhundert ein besonderer Schatz für die Stadt war. Erst recht, weil er kein katholischer Glockenturm mehr war, sondern wieder als Feuer- und Wachturm der weltlichen Seite diente. Was ihn als Protestanten

insgeheim am meisten freute war, dass er nicht nur Sankt Peter nebenan, sondern auch den Dom weiterhin überragen würde. Das allerdings sagte er besser nicht allzu laut, der Religionsfrieden war fragil, es war besser, ihn nicht durch forsche Bemerkungen herauszufordern. Um hier einen kleinen Triumph zu feiern, hatte er sich für die Spitze etwas ausgedacht ... aber eines nach dem anderen, jetzt musste er den Auftrag erst noch erhalten!

Denn auch ohne irgendwelche Glaubensfragen, Elias wusste, dass davon vor allem seine Pläne für das Rathaus abhingen. Und das sollte sein wahres Meisterwerk werden. Da sollte ihm niemand mehr reinreden! Um das zu erreichen, musste ihm die Erhöhung des Perlachturms von 63 auf 70 Meter zur Zufriedenheit aller gelingen.

Ausgerechnet jetzt kam der Welser mit seinen Bedenken daher. Als ob ein Patrizier davon irgendeine Ahnung hätte! Wenn, dann ganz sicher nicht mehr Ahnung als er, der Baumeister, die Rolle, in der er sich am liebsten sah. Doch durfte er seine Wut ebenfalls nicht offen zeigen, zu abhängig war er vom guten Willen und der Entscheidung dieses um ihn und den Bürgermeister versammelten Gremiums. Also schluckte er den Ärger hinunter und suchte nach der Idee, mit der er sie alle überzeugen konnte.

Seine detaillierte Zeichnung von dem Gerüst, das den Turm umgeben und ihm dafür nicht einmal das Mauerwerk beschädigen würde, hatte nicht ausgereicht. Typisch! Dafür hätten sie eben etwas von der Sache verstehen müssen, der Welser und die Ratsherren! Am liebsten würde Elias sich die Haare raufen, aber auch das würde nichts nützen. Er brauchte einen Beweis, der ihre Herzen überzeugte, wenn es schon mit dem Verstand nicht zu bewerkstelligen war.

Das war's! So konnte es gelingen! Er musste ein eigenes Risiko in die Waagschale legen! Jetzt sollte der Welser seine Antwort bekommen: „Es wird so stabil, dass ich meinen eigenen Sohn mit nach oben nehmen würde", verkündete er.

Der Effekt war wie gewünscht, die Ratsherren nickten beeindruckt und waren bereit, ihm den Auftrag zu erteilen, alle, bis auf – den Welser. Der legte den Kopf schief und bohrte nach: „Du würdest? Oder du wirst?“

Was blieb ihm da anderes übrig? Wer A gesagt hat, muss auch B sagen, wenn er nicht das Gesicht verlieren will.

„Ich werde!“, versprach Elias, „Mein Sohn kommt mit hoch, sobald alles steht und wir die Spitze montieren!“

Der Welser streckte ihm die Hand entgegen, und Elias Holl schlug ein. Damit hatte er den Auftrag. Über die Einlösung konnte er sich dann immer noch Gedanken machen, wenn es so weit war.

In den sechs Jahren Bauzeit schob der Stadtwerkmeister sein Versprechen beiseite. Es gab viel zu tun, nicht nur das Gerüst wollte errichtet werden, sondern das Material musste nach oben gebracht, die Handwerker mussten eingewiesen und die Ausführung überwacht werden.

Dann war es vollbracht, er hatte auf dem bisherigen Turm ein Oktogon aus Säulen errichten lassen, darauf eine Kuppel und die noch einmal erhöht mit einer Laterne. Die Spitze sollte nun abgeschlossen werden mit einer goldenen Kugel und

einer Figur der Cisa mit Wetterfahne und Zirbelnuss. Der Kupferschmied stand mit den vorgefertigten Elementen bereit.

Da trat der Welser an ihn heran: „Nun, Holl, es ist Zeit, dein Versprechen einzulösen! Als Zeichen meines absoluten Vertrauens werde ich euch begleiten. Wir treffen uns morgen zur zehnten Stunde!"

Dem Elias Holl wurde ganz anders zumute. Zwar hatte er viele Kinder, die er aber auch von ganzem Herzen und aufrecht liebte, und er hatte weder seiner zweiten Frau noch seinen Kindern bisher von dem Versprechen erzählt. Wenn er ehrlich war, hatte er gehofft, der Welser möge es vergessen oder so zufrieden mit seiner Arbeit sein, dass er es dabei bewenden ließ.

Nun konnte er nicht kneifen, also erzählte er beim Abendmahl von der Angelegenheit. Er blickte in die Runde, doch bevor sich eines seiner Kinder bereit erklären konnte, ging seine Frau dazwischen: „Auf gar keinen Fall wirst du eines deiner Kinder zwingen, weder unsere gemeinsamen noch meine Stiefkinder, hast du mich verstanden, Mann? Und wenn ich dem Welser persönlich den Hals umdrehen muss, für so einen Leichtsinn geb ich unsere Kinder nicht her!"

Elias Holl wusste, dass jedes weitere Wort zwecklos war, und seine Frau hatte recht. Was hatte er sich bloß dabei gedacht? Gleich nach dem Mahl würde er zum Welser gehen und ihm seinen Irrweg gestehen. Schmähen würde er ihn und vermutlich würde man ihm den Auftrag für das Rathaus wegnehmen, aber daran war er selbst schuld! Schon hatte er den Mantel in der Hand, als sich eine winzige Hand in die seine schob.

„Wie ist es denn, so weit oben zu sein, Vater?"

Es war ausgerechnet der kleine Elias, sein Jüngster.

„Du wirst weiche Knie haben und mehr Angst als vor jeder Geisterstunde, aber du wirst fast die Wolken berühren und die ganze Stadt sehen, wie sie

außer dir bisher nur meine Arbeiter und ich gesehen haben", erklärte er so gut und aufrichtig, wie er es vermochte.

„Wie die Vögel?“, fragte der kleine Elias.

„Wie die Vögel“, nickte der große Elias.

Da griff der Kleine noch ein bisschen fester nach der großen Hand und nickte so ernsthaft wie nur Kinder es tun: „Dann komme ich morgen mit dir!“

Auch der Schrecken seiner Mutter konnte es ihm nicht mehr ausreden. Also stiegen am nächsten Vormittag zwei Generationen Holls die Stufen im Perlachturm nach oben. Der Welser schnaufte hinter ihnen her.

„Du hast nicht gesagt, dass es so anstrengend ist, Holl!“, maulte er. „Du hast nicht gefragt!“, entgegnete der Werkmeister, ohne sich umzudrehen, um nur ja nicht seinen Sohn aus den Augen zu lassen. Den aber trieb die Neugier voran, dass er die vielen Stufen kaum zu spüren schien. Erst beim Gerüst auf über 60 Metern tastete er wieder nach seiner Hand.

„Keine Sorge, ich halte dich, sieh nur während des Aufstiegs nicht nach unten!“, riet Elias Holl seinem Söhnchen.

Oben in der Laterne angekommen, fingen Elias‘ Augen an zu leuchten und er flüsterte ehrfürchtig: „Ist die Welt von hier oben immer so klein?“

Selbst der strenge Welser musste schmunzeln: „Dein Sohn wird einmal ein Großer! Er hat jetzt schon alles im Blick!“

Als es nun soweit war, dass die beiden güldenen Kugelhälften zusammengesetzt und nach oben auf die Spitze gezogen werden sollten, da wandte sich Elias Holl noch einmal an den Welser: „Und was vereinbaren wir, wenn mein Sohn in die Kugel klettert und sich mit nach oben ziehen lässt?“

Kurz überlegte der Bürgermeister, dann schlug er vor: „Einen Saal im neuen Rathaus ganz aus Gold, genau wie die Kugel?“

Der Werkmeister schlug ein und blickte zu seinem kleinen Sohn. Der lachte und kletterte fröhlich in die unter Kugelhälfte, um sich noch ein Stückchen höher ziehen zu lassen.

Wer wissen will, ob der Welser seine Zusage gehalten hat, der muss im Rathaus nachsehen!

Elias Holl lebte von 1573 bis 1646 in Augsburg und war dort Stadtwerkmeister. Er wird heute noch als einer der wichtigsten deutschen Architekten des 17. Jahrhunderts gefeiert.

Ungewöhnlich rasch überflügelte er schon in jungen Jahren renommierte Künstler wie Joseph Heitz den Älteren oder Hans Reichle. Seine Büste hat es sogar in die Ruhmeshalle in München geschafft.

In Augsburg sind Bauwerke von ihm überall zu finden. Unter anderem hat er das Rathaus gebaut mit dem berühmten goldenen Saal! Aber auch die Stadtmetzg und sein Wohnhaus in der Kapuzinergasse 14 können heute noch besichtigt werden.

Der steinerne Mann

Konrad Hacker war eigentlich Bäcker, und nichts wollte er lieber sein als eben das. Dass auch ein Held in ihm steckte, hätte er vermutlich selbst am wenigsten vermutet.

Man schrieb das Jahr 1635, und es herrschte Krieg vor den Toren von Konrads Heimatstadt, ein Krieg, den man später als den 30-jährigen Krieg bezeichnen würde. Vielleicht war es gnädig, dass damals noch niemand ahnte, wie lange es dauern würde, bis wieder Frieden in Deutschland und in Europa einziehen würde. Es sollte angeblich um den wahren Glauben gehen.

In Wirklichkeit bekämpften sich die Mächtigen längst wegen irgendwelcher Gebietsansprüche. Die Politik war Konrad allerdings völlig egal. Ihn plagte der Hunger. Nicht nur sein eigener, sondern vor allem der seiner Familie. Die Kinder wimmerten den ganzen Tag, und seine Frau flehte immerzu: „Bitte Konrad, du bist Bäcker, du kannst doch nicht deine eigenen Kinder verhungern lassen!"

Aber wie sollte er es wenden? In seiner Backstube gab es nichts mehr, nicht den kleinsten Kanten Brot. Die letzten Mehlreste hatte er schon vor Wochen zusammengekratzt, nun waren die Kästen so leergefegt, als hätten sie nie ein Stäubchen gesehen. Beim Müller gab es ebenfalls kein einziges Getreidekörnchen mehr, um neues Mehl zu mahlen. Es war also nicht einmal daran zu denken, neues Brot zu backen.

Konrad schmerzte der Bauch und ihm war schon ganz schwindelig, bald würde er nicht einmal mehr die Kraft haben zu backen, selbst wenn es wieder Mehl gäbe. Aber noch schlimmer wog die Sorge um die Seinen, die trieb ihn schon in der frühesten Morgenstunde, noch vor Sonnenaufgang raus.

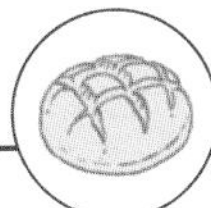

Rastlos lief er umher. Als er in einiger Entfernung der Stadtmauer gewahr wurde, überkam ihn das Bedürfnis, den Feind zu sehen, dem er diese Misere verdankte.

Vielleicht ließ sich ja von dort oben aus einigermaßen sicherer Entfernung beobachten, wie die Aussicht stand, dass sich das kaiserliche Heer bald zurückziehen würde. Oder ob es vielleicht wenigstens ein heimliches Durchkommen gab, um an Getreidenachschub von den Feldern zu gelangen.

Konrad eilte auf die Mauer zu, aber er kam nicht weit, ein Wachsoldat rief ihn an: „Halt! Was willst du hier zu nachtschlafender Zeit, weißt du nicht, dass eine Ausgangssperre verhängt wurde?"

„Ich bitt Euch schön, lasst mich einen Blick auf das Geschehen jenseits der Mauer werfen. Ich bin auch mucksmäuschenstill und halte mich verborgen."

„Welcher Wahnsinn ist dir in den Kopf gestiegen? Du hast hier nichts verloren!"

„Ich will doch nur sehen, ob es noch irgendwo ein Getreidefeld gibt, das uns Korn für ein wenig Brot liefern könnte!"

Die Miene des Wächters wurde milder: „Jetzt erkenne ich dich, du bist der Bäcker Konrad! Nun gut, wenn ich dich auf die Mauer lasse, dann will ich eine Gegenleistung!"

„Ich habe keine Münzen!", erwiderte Konrad betrübt.

„Wer redet von Münzen? Die machen nicht satt! Nein, wenn du entdeckst, was du suchst, dann will ich eine Scheibe des ersten Brotes abhaben, das du bäckst!"

„Die sollst du bekommen", versprach Konrad.

Der Wächter gab den Weg frei. Behände kletterte Konrad auf der Innenseite der Mauer zum Wehrgang und lugte auf die andere Seite. Er erschauderte, als er das gegnerische Heer erblickte. Das mussten hunderte, wenn nicht gar tausende sein!

An dieser Masse konnte niemand sich vorbeischleichen, um einen Getreidesack nach Augsburg zu schmuggeln. Er würde sofort entdeckt und gefangen genommen werden. Und den Getreidesack würde man ihm abnehmen. Vorausgesetzt es gäbe jenseits dieses riesigen Heerhaufens überhaupt noch einen Bauern und Felder, wo genug geerntet werden konnte, um einen Sack zu füllen. Wahrscheinlicher war, dass die Gegner bereits alles gestohlen hatten.

Konrad beobachtete ein paar feindliche Landsknechte, die ebenfalls Wache standen. Auf ihre Piken gestützt, schienen sie sich tapfer gegen die Müdigkeit aufrecht zu halten. Gerade da schlüpften hinter ihnen zwei weitere aus ihrem Zelt. Offensichtlich um ihre Notdurft zu verrichten. Diese beiden waren lediglich mit Leinenhemden bekleidet und sahen ohne ihren Brustharnisch und die weiten Beinkleider genauso dürr und klapprig aus wie die Bürger in Augsburg. Konrad nahm es mit einer gewissen Genugtuung wahr. Wenigstens ging es dem Feind nicht viel besser als ihnen! Das ließ sich vielleicht sogar als Vorteil nutzen ...

Er stieg wieder nach unten.

„Bist du jetzt schlauer?“, fragte der Wächter.

„Wart’s ab!“, brummelte Konrad. „Mit deiner Belohnung wird es noch dauern. Aber ich komme bald wieder.“

Auf dem Heimweg durch die engen Gassen seiner einst so lebendigen Stadt schmiedete er den Plan weiter. Er brauchte ein paar Zutaten. Obwohl die Sonne inzwischen bereits aufgegangen war, war es weiter ruhig. Kein Handwerker ging seinem Tagwerk nach, kaum eine Menschenseele war zu

sehen. Wen nicht die Suche nach etwas Essbaren hinaustrieb, den hielt die Angst vor der Pest im Haus. Denn auch die schwarze Seuche hatte der Krieg mitgebracht und mindestens ebenso viele Augsburger dahingerafft wie Hunger und Feind.

Konrad zuckte zusammen, als er doch ein Hämmern hörte. Er blickte auf. Er hätte es sich denken können, das war der Schreiner! Der hatte als Einziger genug zu tun. Konrad klopfte kurz an und trat in die Werkstatt. Durch die Luft flirrten die Sägespänne, und an der Wand lehnten bereits drei mannsgroße Kisten. An einer vierten hobelte der Schreiner. Nun drehte er sich zu Konrad um.

„Griaß di Bäcker, ich hoffe du kommst nicht deswegen?", mit dem Kinn deutete er auf die Kisten.

Konrad schüttelte den Kopf. „Noch nicht, aber kannst du mir trotzdem helfen, auch wenn dir das vielleicht bald weniger Arbeit beschert?"

„Das wär´ mir nur recht", knurrte der Schreiner. „Vom Särge bauen habe ich lang schon genug!"

Konrad deutete auf die Sägespäne am Boden. „Gibst du mir davon was ab?"

„So viel du willst", nickte der Schreiner.

Mehrere Eimer schleppte Konrad zu sich in die Backstube. Seine Frau vertröstete Konrad mit einer Erklärung auf später und schickte sie stattdessen zum Brunnen, um etwas Wasser zu holen. Selbst machte er sich auf zum Töpfer. Auch der gab ihm bereitwillig etwas von seinem Ton ab.

„Meine irdenen Schüsseln kauft ohnehin niemand, solange es kein Essen gibt, das man damit servieren könnte."

Zurück in seiner Backstube besah Konrad sich zufrieden seine Sammlung.

„Was hast du vor?", fragte seine Frau und reichte ihm das Wasser.

„Backen", antwortete Konrad schlicht.

„Du willst uns mit Brot aus Holzmehl und Tonteig füttern?" Seine Frau war fassungslos.

Konrad schüttelte den Kopf. „Gott bewahre! Es soll nur aussehen wie Brot, um unsere Gegner zu täuschen."

Konrads Frau verstand nicht genau, was er damit bezweckte. Sie beobachtete bloß mit Staunen wie er das falsche Brot knetete, formte und in den frisch angeschürten Ofen schob. Einen Teil der Brotlaibe ließ er sogar absichtlich ein wenig schwarz werden.

Darüber wunderte sich auch der Wächter als Konrad mit einem Korb voller Brot wieder bei ihm auftauchte. „Wieso hast du das Brot anbrennen lassen?"

„Damit ich einen Grund habe, es über die Mauer zu werfen", erklärte Konrad. „Kommt mit und helft mir!"

„Der Hunger hat deinen Geist verwirrt!", rief der Wächter.

Doch davon ließ sich Konrad nicht aufhalten. Er stieg mit dem Korb die Mauer empor. Diesmal verhielt er sich nicht leise und unauffällig. Im Gegenteil. Er schimpfte lauthals über sein Missgeschick: „Schade um die schönen Laibe, aber die taugen nur noch zum Wegschmeißen!"

Er schleuderte die ersten beiden Laibe im hohen Bogen nach draußen. Ein paar der kaiserlichen Soldaten hatten scheinbar die Bewegung auf der Mauer bemerkt. Sie deuteten zu Konrad. Der warf bereits den nächsten.

„Haltet ein!", rief ein Landsknecht.

„Nein, nein, neiiin", echoten seine Kameraden.

Davon erst recht angestachelt warf Konrad weiter, nahm sich schließlich eines der nicht verkohlten Brote und biss herzhaft hinein. Konrad hatte erreicht, was er wollte: Ein ganzes Heer blickte ihm hungrig und voller Neid beim Essen zu.

Womit er allerdings nicht gerechnet hatte, war, dass einer der Landsknechte aus Wut mit der Kanone auf ihn zielen würde. Der Schuss traf ihn am rechten Arm und verwundete ihn schwer. Der Wächter konnte ihn gerade noch von der Mauer holen, bevor er ohnmächtig wurde und zusammenbrach. Auch ein Arzt konnte den Konrad nicht mehr retten. Als letzte Frage hauchte er: „Sind sie weg?"

Das zumindest hatte der tapfere Bäcker erreicht: Da die Kaiserlichen glaubten, in der Stadt gäbe es noch endlose Vorräte – sogar genug, um sie einfach wegzuwerfen – gab das Heer die Belagerung auf. Konrad Hacker hatte seine Familie und seine ganze Stadt vor dem Verhungern gerettet.

Noch heute erinnert eine Figur an diese mutige Tat. Im Laufe der Zeit ist der Steinerne Mann oder „d'r Stoinerne Ma", wie man in Augsburg sagt, ein paar Mal umgezogen. Seit 1955 steht er an der alten Stadtmauer in einer Nische des alten Dohlenturms, ganz in der Nähe der Schwedenstiege. Er ist zusammengesetzt aus verschiedenen Teilen – der rechte Arm fehlt, links trägt sie etwas, das ein Brot darstellen könnte.

Es bringt angeblich Glück, die Nase vom Stoinerne Ma zu berühren, besonders für Liebespaare. Kein Wunder, dass er inzwischen eine Nase aus Eisen trägt.

Ob es wirklich die Heldentat eines Bäckers war? Oder war es ein Soldat bereits während der Belagerung Attilas? Oder gab es beide Helden, jeden zu seiner Zeit? Eines verbindet die Geschichte mit Geschichten: Häufig werden Kriege durch Hunger und Klugheit entschieden, nicht durch plumpe Waffengewalt.

Der große Traum des Schusters

Im Schneidersitz hockte Salomon Idler in seiner Werkstatt und starrte zum Fenster hinaus. Das Wetter war herrlich, strahlender Sonnenschein, kein einziges Wölkchen am klarblauen Himmel. Ein Tag wie gemacht für einen Streifzug durch die Straßen und Gassen oder noch besser hinaus in den Auwald oder zum Ufer der Wertach, um den Sommer in vollen Zügen zu genießen. Stattdessen musste er hier ausharren und seinem drögen Handwerk nachgehen.

Seufzend äugte Salomon zu dem Häuflein von Schuhen hinüber, das auf ihn wartete. Wenn er wenigstens den Auftrag gehabt hätte, ein neues Paar zu fertigen. Einen eleganten Herrenschuh, vielleicht sogar wieder mit einem kleinen Absatz und einer hübschen Verzierung, der die entbehrungsreiche und triste Zeit des Dreißigjährigen Krieges endlich hinter sich lassen würde. Oder etwas Zierliches für die Dame, passend zum Kleid bestickt mit Gold- oder Silberfäden.

Aber nein, zu seinem großen Bedauern saßen auch hier in der Fuggerstadt die Beutel nicht so locker wie er sich das ausgemalt hatte, als er hierher umgesiedelt war. Er musste sich als Flickschuster plagen und ein Riemchen befestigen, eine Naht nachbessern oder den abgelaufenen Schuh neu besohlen. Eine freudlose Arbeit für wenig Lohn. Ach, hätte er doch etwas gelernt, was seiner freiheitsliebenden Künstlerseele mehr entsprach!

Bevor er sich den nächsten Schuh vornahm, warf er noch einmal einen sehnsüchtigen Blick nach draußen und just in dem Moment flatterte eine Taube auf sein Fensterbrett und suchte leise gurrend, ob sich dort nicht ein paar Körnchen fänden. Salomon wischte mit den Fingern ein paar Brotkrümel auf dem Tisch zusammen, die vom Morgenmahl achtlos zurückgeblieben waren und schnippte sie der Taube nach draußen. Sie wich zuerst ein Stück

zurück und wartete, ob die Krumen tatsächlich für sie bestimmt waren. Dann hüpfte sie näher und fing an zu picken.

Kaum war sie fertig, spreizte sie wieder die Flügel und flog davon. Salomons Blick folgte ihr, bis sie kaum noch als Punkt zu erkennen war.

„Vogel müsste man sein!", dachte er. „Oder wenigstens Fliegen sollte man können!" Er spürte eine Sehnsucht in sich aufkommen, wie er sie noch nie vorher gespürt hatte. Hätte er mit der Taube tauschen können, wäre er sofort in ihr Federkleid geschlüpft. Seine Frau hätte sich für die Idee vermutlich weniger begeistert. Erst recht nicht für den Plan, der in den nächsten Tagen in seinem Kopf zu reifen begann. Deshalb erzählte er anfangs niemandem davon.

Doch wieso sollte der Mensch eigentlich nicht fliegen können? Wenn wir statt unseren Armen Flügel hätten, wäre es ein Leichtes! Aber wozu war er Handwerker und Künstler? Er konnte sich Flügel bauen!

Als erstes musste er nachsehen, wie genau Flügel eigentlich aussahen und wie sie funktionierten. Dazu musste er sie genau studieren – am besten am lebenden Objekt. Also baute er einen großen Vogelkäfig, legte mehrere Handvoll Brotkrümel hinein und ließ das Türchen offen.

Einen Vogel zu fangen, stellte sich als schwieriger heraus als gedacht. Solang Salomon wachsam war, beachtete kein einziger den Käfig. Doch kaum ließ er ihn auch nur eine winzige Sekunde aus den Augen, kam ein Vogel angeflogen, pickte in aller Eile die Krumen auf und war fort, bevor er die Käfigtür verschließen konnte.

Erst nach zwei Wochen war eine Taube leichtsinnig oder hungrig genug, um sich von ihm einfangen zu lassen. „Keine Sorge!", versprach er ihr durch die Gitterstäbe. „Ich habe nicht vor, dich zu mästen und zu verspeisen. Ich will nur lernen, wie deine Flügel funktionieren. Wenn ich fliegen kann wie du, lasse ich dich wieder frei!"

Sobald er nun seine Arbeit erledigt hatte, setzte er sich mit Bleistift und Papier neben sein Täubchen und studierte es. Er zeichnete die Taube und ihre Flügel aus allen Winkeln, verglich ihre Größe und Statur mit seiner und nahm entsprechende Anpassungen vor.

Nach wie vor versuchte er, seine Idee vor seiner Umgebung geheim zu halten. Deswegen werkelte er oft auch nachts, nur bei Kerzenlicht und Mondschein. Ganz unbemerkt blieb das natürlich nicht, einige hielten ihn für besessen von der Arbeit, andere wie seine Frau, die es besser wussten, löcherten ihn immer wieder mit Fragen. Aber sogar als er anfing die ersten Modelle zu bauen, vertraute er sich niemandem an. Seine größte Angst war, dass man es ihm ausreden würde, und er wollte sich nicht aufhalten lassen, um keinen Preis!

Die Geheimhaltung war nicht die einzige Schwierigkeit. Salomon hatte in der Theorie eine sehr klare Vorstellung, wie seine Menschenflügel sein mussten, um ihn zu tragen: Stabil, trotzdem leicht, groß und beweglich – das waren Gegensätze, die sich kaum vereinen ließen. Zuerst hoffte er, die Federn durch Stoff ersetzen zu können und für den Rahmen wollte er gehärtetes Leder verwenden. Aber der Stoff flatterte unkontrollierbar im Wind, statt sich von ihm tragen zu lassen, und das Leder bog sich zu sehr.

Birkenholz war biegsam, brach aber auch allzu leicht. So verstärkte er einige Streben mit Metall und suchte Vogelfedern, wo immer er sie bekommen konnte. Vor allem auf dem Geflügelmarkt sah man ihn häufig zum Ende des Markttags emsig aufsammeln, was andere Kunden zurückgelassen hatten. Manch einer schüttelte hinter seinem Rücken den Kopf über ihn, wenn er ein besonderes Prachtexemplar emporhob und bejubelte.

Es dauerte Jahre bis aus des Idlers fixer Idee wirklich ein Paar Flügel geworden waren. Im Materialschuppen neben seiner Werkstatt, gut verborgen unter mehreren Laken standen sie an die Rückwand gelehnt. Salomon war sich sicher, dass sie ihn tragen würden. Morgen war der große Tag, morgen wollte er es wagen.

Am Vorabend klopfte es an seine Werkstatttür. Salomon wollte den vermeintlichen Kunden schon abwimmeln. Für neue Schnürsenkel oder Sohlen hatte er jetzt wahrlich keine Zeit.

Doch vor der Tür stand Thomas, der Oheim seiner Frau und auch ihm ein guter Freund. „Was willst du – ähm, ich meine, was kann ich für dich tun?", fragte Salomon unwirscher als er ihn sonst anzusprechen pflegte. „Deine Frau macht sich Sorgen. Sie glaubt, du hast etwas vor, das euch in Gefahr bringen könnte!"

„Nein, nein, ich würde sie niemals in Gefahr bringen! Wenn überhaupt sterbe nur ich", rutschte es Salomon heraus.

Thomas sah ihn ernst an: „Erzähle, Salomon, und denk an das achte Gebot!"

Alles platzte aus Salomon heraus, sein Traum vom Fliegen, seine jahrelange Planung „... und morgen wird es wahr! Morgen fliege ich vom Perlachturm und beweise allen, was in einem Schuster steckt!"

Thomas ließ sich den Schrecken, den ihm das Vorhaben bereitete, zumindest äußerlich nicht anmerken. Er legte nur leicht den Kopf schief und gab zu bedenken: „Vom höchsten Turm zu fliegen, das kann jeder, Salomon. Besteht die Kunst eines Vogels nicht darin, sich sogar vom Boden aus in die Lüfte zu erheben?"

Das musste der Schuster zugeben und so ließ er sich überreden, bloß auf ein Dach im Rahmgarten zu klettern und von dort zu starten. Immerhin musste er die sperrigen Flügel nicht die unzähligen Stufen den Turm hinauf zerren.

So stand er nun auf dem gewöhnlichen Hausdach, und selbst das kam ihm schrecklich hoch vor. Seine Knie zitterten ebenso wie seine Finger, mit denen er versuchte, die Riemen um seine Arme festzuzurren und zu

verknoten. Es durfte nichts verrutschen oder sich lösen! Immer wieder hatte er das Anlegen geübt, aber nun, da es ernst wurde, kam es ihm mühsamer vor als sonst. Hielten die angeleimten Federn dem Wind stand? Waren die Flügel lang genug, um seinen Körper zu tragen? Hatte er seine Armmuskeln beweglich genug gehalten, um die Flügel zum Schwingen zu bringen?

Während er dort oben stand und mit Wetter und Zweifeln zu kämpfen hatte, blieb unten sein Tun nicht unbemerkt.

„Bist du das, Salomon Idler? Was treibst du dort oben?“, rief ein Nachbar zu ihm hoch. Und wo einer den Kopf hebt, werden auch noch andere aufmerksam. Inzwischen hatten sich einige in der Gasse versammelt und reckten die Hälse.

„Hat der Mann da Flügel?“, fragte ein Mädchen ganz laut.

„Kannst du wirklich fliegen?“, rief der Vater des Kindes zu ihm nach oben.

Das wollte Salomon auch gerne wissen, war es doch die eine Frage, die ihn seit Jahren beschäftigte. Gerade eben entdeckte er in der kleinen Versammlung zwei vertraute Menschen. Seine Frau und ihr Bruder waren dazugestoßen. Als sie ihn sah, schlug sie die Hände vors Gesicht.

„Wenn ich es jetzt nicht wage, wage ich es nie mehr“, dachte Salomon, weil er seiner Frau doch eigentlich keinen Kummer bereiten wollte. Aber vielleicht würde sie ja auch stolz auf ihn sein?

Er schlug mit seinen Flügeln. Einmal, zweimal, dreimal, viermal – dann sprang er mit Schwung vom Dach ab und ...

... stand für den Bruchteil einer Sekunde in der Luft. Die Kräfte zerrten an ihm, nach oben, nach unten, überallhin gleichzeitig. Es riss ihm die Arme nach oben. Er konnte nicht mehr dagegenhalten, nicht lenken und nicht mehr denken.

Der Fall war unaufhaltsam. Er stürzte und stolperte und wurde auf eine kleine Holzbrücke zugetrieben.

Mit strampelnden Beinen kam er auf, die Flügel schlugen nach unten, so dass er mit voller Wucht auf das Holzgestell prallte. Krachend gab es nach. Mit ausgebreiteten Flügeln lag er im Fluss.

Nur dem beherzten Einsatz von ein paar Schaulustigen verdankte er es, dass er nicht mit seiner gesamten Flügelkonstruktion unterging und ertrank. Tränenüberströmt nahm seine Frau ihn am Ufer in die Arme.

„Was bin ich froh, dass du noch lebst!"

Darüber war Salomon ebenfalls froh. Und wie! Erst recht, als er sehen musste, dass nicht alle so glimpflich davongekommen waren. Vier Hühner, die zum Zeitpunkt seines Absturzes unter der Brücke geschlummert hatten, hatte es erwischt.

Voller Zorn und mit viel schlechtem Gewissen eilte er mit seinen Flügeln noch am selben Abend auf einen Acker und verbrannte sie, bis nichts mehr von ihnen übrig war. Nur eine Sache gab es am Ende noch zu tun. Zurück in seiner Werkstatt öffnete er sein Fenster und das Türchen des Vogelkäfigs und ließ die Taube frei. Auch wenn er nicht fliegen gelernt hatte, sein Wort wollte er doch nicht brechen!

Den fliegenden Schuster Salomon Idler gab es wirklich. Er wurde am 11. Februar 1610 in Cannstatt geboren und zog ungefähr 1635 nach Augsburg. Seinen ersten und einzigen Flugversuch unternahm er wohl im Sommer des Jahres 1659.

Später soll er sich noch als Schauspieler und Sänger versucht haben, was ihm eine Menge Ärger mit den Augsburger Meistersingern einbrachte. Letztendlich musste er eben doch wieder Schuhe reparieren.

Ob er Pate stand für das Sprichwort: „Schuster bleib bei deinem Leisten“ ist nicht überliefert. Aber für seinen ersten Flugversuch wurde eine Gedenktafel im Rahmgartengässchen angebracht und eine Straße im Univiertel ist nach ihm benannt. Immerhin war er ein waschechter Flug-Pionier, sogar noch vor Otto Lilienthal!

Wie die Zwetschgen zum Datschi wurden

Es war ein gutes Jahr gewesen. Ausreichend Regen im Frühling, strahlende Sonnenwochen im Sommer und nicht zu viele Stürme im Herbst. Entsprechend reichlich war die Ernte ausgefallen. Nicht nur auf den Feldern konnten Weizen, Gerste und Hafer in Hülle und Fülle geerntet werden. Auch auf den Streuobstwiesen bogen sich die Äste der Bäume förmlich unter der Last ihrer Früchte: Mirabellen, Kirschen und Frühäpfel waren schon gepflückt, jetzt kamen die Lageräpfel, Birnen und zur besonderen Freude von Josepha: endlich die Zwetschgen!

Diese kleinen Verwandten der Pflaumen waren ihre persönlichen Lieblinge. Körbeweise hatte sie die blauen Früchte aufgeklaubt und vom väterlichen Hof in die Stadt gekarrt. Hier stand sie nun auf dem Obstmarkt – in Augsburg war jede Viktualienart einem bestimmten Viertel zugeteilt. Ungeschickterweise hatte sie die letzte Ecke erwischt, weil alle Bauern von den nähergelegenen Gehöften früher dran gewesen waren und sich die besseren Plätze sichern konnten.

Josepha war bei weitem nicht die Einzige mit Zwetschgen im Angebot. Wie sollte sie der Kundschaft klar machen, dass ihre Zwedschga d' beschten waren, wenn sich kaum einer zu ihrem Verkaufstisch verirrte? Sie wusste wohl, dass Zwetschge nicht gleich Zwetschge war. Ihre Sorte war besonders

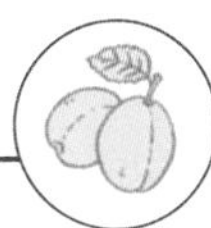

süß mit der ganz leicht säuerlichen Note beim ersten Biss, die die besondere Erfrischung brachte. Das kräftig gelbe Fruchtfleisch war kein bisschen wurmig, wie sie es bei ein paar anderen Händlern gesehen hatte, sondern perfekt gereift und saftig. Aber ach, was nützte das, sie konnte sich die Beine in den Bauch stehen und sich die Stimme heiser brüllen, am Ende der Marktstunden waren ihre Körbe immer zu gut gefüllt.

Josepha war verzweifelt. Mit den Früchten wieder nach Hause konnte sie nicht, Vater und Mutter würden bekümmerte Mienen ziehen und ihre Enttäuschung kaum verbergen. Ihr musste also dringend etwas einfallen, etwas, womit sie am folgenden Tag garantiert alle ihre Früchte verkauft bekam. Zumal die auch nicht besser wurden: Reif, wie sie waren, würden sie höchstens noch ein, zwei Tage gut verkäuflich sein. Danach würden sie in der anhaltenden Hitze schnell vergären und man könnte sie höchstens noch zu Schnaps brennen.

Josepha griff in einen ihrer Körbe, nahm eine Zwetschge und steckte sie in den Mund. „Mmhhhh, es wär' echt jammerschad' drum!"

Was würde sie daheim tun? Wenn es eine letzte Ladung Früchte gab, für die sich der Weg zum Markt nicht noch einmal lohnte, gab es eine Lösung, bei der ihr förmlich das Wasser im Munde zusammenlief. Der Backofen am Hof wurde angeheizt! Das war's! Damit könnte sie sicherlich jeden von ihren Zwetschgen überzeugen!

Aber wie sollte sie das hier in der Stadt zuwege bringen? Sie war hier nicht zu Hause, kannte kaum jemanden näher und der Stall, in dem sie zusammen mit ihrem Muli nächtigte, bot nicht die Möglichkeit zu backen. Es war doch zum Verzweifeln! Die Stadt war einfach der falsche Ort! Obwohl es doch hieß, hier gäbe es alles – sogar im Überfluss.

Josepha wandte sich um, sah die Marktleut neben sich ebenfalls ihre Sachen zusammenpacken und rief ihnen zu: „Wenn man hier einen anständigen Kanten Brot sucht, wo würd' man fündig werden?"

Die ältere Marktfrau nebenan antwortete: „Nichts leichter als das! Einmal über den Rathausplatz, dann am inneren Stadtgraben entlang, bis du zur Bäckergasse kommst. Dort solltest du die Qual der Wahl haben!“

Die Gasse war rasch gefunden, und es reihten sich eine stattliche Anzahl von Zunftbäckern aneinander. Trotzdem erwies sich Josephas Anliegen als aussichtslos. Der erste Bäckermeister, an dessen Backstube sie klopfte, starrte sie entgeistert an: „Ihr wollt was? Meinen Backofen brauche ich selber, närrisches Weib!“ Der Zweite schimpfte: „Wo kämen wir denn da hin, wenn wir jedem Bauern unsere Backstube überlassen täten!“ Auch beim dritten und vierten erging es ihr nicht besser. Mit jeder Absage schwand Josephas Zuversicht.

Schließlich war nur noch eine einzige Bäckerei übrig, eine recht schlichte, bei der der Verkaufsraum direkt an die Backstube anschloss. Josepha wollte schon, ohne anzuklopfen umdrehen, hier hatte man sicher keinen Platz für sie. Seufzend wuchtete sie ihren Korb auf den Rücken.

„Was hast du da drin?“, fragte eine Stimme hinter ihr. Sie drehte den Kopf und sah einen jungen Burschen, kaum älter als sie.

„Bist du hier der Lehrling?“, fragte sie zurück.

„Könnte man so sagen“, grinste er. „I bin der Xander. Verrätst du mir trotzdem dein Begehr?“

„Meine Zwetschga verderb’n! Deshalb bräucht` ich dringend einen Backofen“, rückte Josepha heraus.

„So, so – und was genau willst du backen?“

„Dahoim, nehma mir hald immer Mehl, Zuggr, baar Eir und ordendlich viel Buadr, kneda einen Deich zsamma und datschen dann die Zwetschga noi“, erklärte Josepha.

Xander erklärte. „Für an Mürbdeich haben wir ned genug Butter do, mir backen sonschd bloß Brod. Aber wenn dir ein Hefedeich au recht isch, dann komm mit rein.“

Ehe Josepha ihr Glück recht fassen konnte, stand sie schon mitten in der Backstube. „Und was wird dein Meister dazu sagen?“

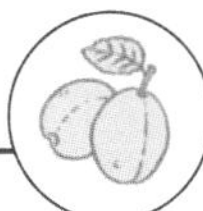

„Der backt ab drei, bis dahin müssen wir fertig sein!“
„Wir?“
Xander zeigte auf den Ofen: „Du wirst Hilfe beim Einheizen brauchen. Und ich habe den Schlüssel zur Vorratskammer!“

„Was willst du dafür?“, fragte Josepha vorsichtig. Ihr war schlagartig bewusst geworden, dass sie kaum genug Münzen im Beutel hatte, um Xander für all das zu bezahlen. Xander legte die Stirn in Falten, dann zählte er mit den Fingern auf: „Holz, Ofen, Teig ... – zwei Drittel von deinen Einnahmen stehen nach dem Verkauf wohl mir zu.“

Josepha war zwar froh, dass er erst hinterher abrechnen wollte, aber das war eindeutig zu viel! „Du vergisst die besten Zwetschga, meine Arbeit und mein Rezept! Zwei Drittel bleiben bei mir!“
Sie funkelte ihn an, Xander hielt ihrem Blick mit breitem Lächeln stand. Schneid hatte sie, die junge Bäuerin und geschäftstüchtig war sie obendrein. Er streckte ihr die Hand hin: „Halbe-halbe und dafür knete ich nach deiner Anweisung mit!“

Josepha schlug ein, ohne zu zögern. Sie machten sich an die Arbeit. Als erstes setzten sie einen Hefeteig an. Während der ging, wuschen, entkernten und viertelten sie die Zwetschgen. Josepha musste feststellen, dass sie selten so gut mit jemandem Hand in Hand gearbeitet hatte wie mit Xander. Er verstand sein Handwerk.

Sie fetteten sämtliche Bleche ein, die sie in der Backstube auftreiben konnten, und als auch der Teig so weit war, rollten sie ihn dünn darauf aus. Josepha zeigte dem Bäcker wie die Zwetschgen fächerförmig zu verteilen waren. Sorgfältig drückte sie jedes Fruchtviertel nur ganz leicht in den Teig.

„Das Datschen ist die wahre Kunst! Die Zwetschgen müssen genug Halt haben, dürfen aber nicht bis zum Boden durchgedrückt werden!“
Zum Abschluss streute sie etwas Zucker über die Zwetschgenreihen.
„Ich habe noch etwas, das unser Gebäck unwiderstehlich machen wird!“

Xander kam mit einem kleinen Töpfchen aus dem Vorratsschrank zurück und ließ Josepha daran schnuppern. Wie köstlich das roch! Ein bisschen erdig, gleichzeitig würzig-blumig, nach unbekannten Ländern, die sie niemals bereisen würde und doch auch nach der heimischen Feuerstelle, an der man an kalten Nächten zusammensaß und sich Geschichten erzählte.

„Was ist das?“

„Zimt!“, erklärte Xander.

Josepha machte große Augen. Sie hatte von Zimt oder auch Zimmet gehört. Ein edles und teures Gewürz, etwas für die Adeligen oder die reichen Bürger, aber sicher nicht für den Blechkuchen einer einfachen Bäuerin.

„Das darfst du sicher nicht verschwenden! Wenn dein Meister das bemerkt, wirft er dich raus oder noch Schlimmeres!“

Xander zuckte bloß mit den Schultern. Die halbe Nacht hatten sie nun schon miteinander gebacken, und er hatte erfahren, wie wichtig der Verkauf für sie und ihre Familie war. Längst war er bereit, so gut er‘s vermochte, zum Erfolg beizutragen! Also nahm er einfach eine Prise Zimt und verteilte sie auf den Kuchen. Dann schoben sie die Bleche in den vorgeheizten Ofen. Der Duft, der sich rasch in der Backstube verbreitete, war derart köstlich, dass es selbst dem Bäcker ganz warm ums Herz wurde, zumal Josepha trotz ihrer Müdigkeit anfing durch die Stube zu tanzen. Kurz bevor der Kuchen fertig war, schlug die Turmuhr drei Mal.

„Dein Meister kommt gleich“, rief Josepha aufgeregt.

Wieder dieses Schmunzeln in Xanders Gesicht, das ihr über die Stunden nun schon vertraut geworden war.

„Sorg dich nicht, mein Meister ist ein guter Mann, ihr werdet gut miteinander auskommen! Aber du solltest jetzt vielleicht noch ein paar Stunden ruhen, bevor der Verkauf losgeht.“

Josepha hatte fest vor, wach zu bleiben, bis der Meister eintraf, um ihm zu danken. Sie wollte ihm das erste Stück des Blechkuchens anbieten, der nun zum Auskühlen in der Kammer stand. Doch ihr Plätzchen hinter dem

Ofen war allzu wohlig und die Augenlider schwer und fielen ihr zu, sobald sie sich niedergelassen hatte.

Sie erwachte erst, als sie sanft am Arm geschüttelt wurde. Xander sah genauso erschöpft aus, wie sich Josepha vor ihrem Schläfchen gefühlt hatte. Nun, da sie ein wenig erholt war, sprang sie sofort auf.

„Was hat er gesagt? Gilt es?"

Xander lächelte matt: „Mein Wort gilt immer! Aber ich – wir dachten, du könntest die frühen Verkaufsstunden übernehmen, dann kann ich auch noch ein wenig ruhen. Die Brote liegen bereits bereit."

Josepha nickte eifrig, sie war stolz und dankbar, dass Xander ihr angeboten hatte, ihren Kuchen in der Bäckerei mitzuverkaufen, so musste sie nicht zu ihrem ungünstig gelegenen Stand zurück.

„Nur eins noch", meinte Xander während er sich ausstreckte. „… wie nennen wir deinen Kuchen? Kaufen werden ihn d Leut' eh, aber mit einem Namen erzählen sie es weiter!"

Josepha brauchte nur kurz zu überlegen: „Wir nennen ihn einfach, wie man ihn macht: Zwetschgendatschi!"

„Guter Name", pflichtete Xander bei und war gleich darauf eingeschlafen.

Der Duft hatte bereits die ersten Kunden angelockt, bevor Josepha pünktlich die Tür aufsperrte. Den Datschi hatte sie in Stücke vorgeschnitten und er ging weg wie sonst nur die warmen Semmeln. Ein Weber ließ sich den Datschi direkt in die Hand geben und biss sofort hinein.

„Sowas Leckeres hat es hier noch nie gegeben!"

Eine Haushälterin kam zweimal wieder, weil ihre Herrschaft Nachschub verlangte.

Als Xander am Vormittag zu ihr stieß, hatte Josepha zwei Bleche verkauft und auch vom Brot waren nur noch wenige Laibe übrig. Zu zweit ging es noch schneller, und bis Mittag hatten sie sämtliche Regale leer verkauft. Der letzte Kunde legte die Münzen auf den Verkaufstresen und meinte: „Der

neue Kuchen ist ebenso gut wie Euer neues Verkaufsmädle. Ihr solltet beides behalten, Meister Xander!“

Damit war es raus. Entsetzt starrte Josepha ihn an. „Du bist gar nicht der Lehrling, du, du bist der Meister selbst?“

Xander nickte, was hätte er sonst auch tun sollen, war es doch die Wahrheit.

„Wieso hast du mir erzählt, du wärst der Lehrbua?

„Du hast mich dafür gehalten“, verteidigte Xander sich. „Ich habe es dich bloß weiter glauben lassen.“

„Warum?“, fragte Josepha tonlos.

Xander blieb stumm. Wie sollte er all das ausdrücken, was in dieser Nacht geschehen war? Was sich verändert hatte? Einfach nur durch die gemeinsame Arbeit in der Backstube. Er konnte es nicht in Worte fassen und sah mit den Händen in den Hosentaschen dabei zu, wie Josepha tief gekränkt ihre Habseligkeiten packte und sich die vereinbarten Münzen für ihren Zwetschgendatschi abzählte.

„So denn, ich danke für deine Hilfe, leb wohl“ presste sie heraus, bevor sie den Laden verließ.

Bis zum Ende des Sonnabends hielt der Bäcker es aus – die Leere in seiner Backstube und die ständigen Nachfragen seiner Kundschaft, wann es denn endlich wieder den köstlichen Zwetschgendatschi gäbe. Schließlich trieb es ihn zum Obstmarkt, in die hinterste Ecke. Aber dort war sie nicht.

„Die Josepha kommt nur alle paar Wochen, wenn überhaupt“, klärte man ihn auf. „Wenn sie was übrig ham auf ihrem kloina Hof!“

Jeden Tag prüfte Xander nach, ob sie denn wieder in der Stadt war. Aber sie kam nicht. Sämtliche Zwetschgenvorräte der anderen Obsthändler kaufte er auf und versuchte einen Datschi zu backen, der an ihren heranreichte. Für seinen feinen Geschmacksinn gelang es ihm nur leidlich, allerdings war der Rest der Stadt begeistert. Lange Schlangen standen täglich vor seinem Laden an, um ein Stückchen zu ergattern. Der Zwetschgendatschi war in

aller Munde und hatte den Bäckermeister zu einer lokalen Berühmtheit gemacht. Nur die eine, die er hatte anlocken wollen, ließ sich nicht blicken. So gut gefüllt die Kasse jetzt auch war, so war doch stets eine Spur von Traurigkeit in Xanders Miene zu finden. Die Hoffnung, die wahre Bäckerin zu finden, hatte er fast aufgegeben. Ach, hätte er sie in jener Nacht doch nur nicht angelogen oder sie wenigstens gefragt, aus welchem Dorf sie stammte. Er hätte alles stehen und liegen lassen und wäre zu ihr geeilt.

Erst ein ganzes Jahr später, es war wieder Zwetschgenzeit, und Xander hatte bereits lange Listen mit Vorbestellungen für seinen Datschi, stürmte eine junge Frau an den Wartenden vor der Bäckerei vorbei. Wutschnaubend baute sie sich am Tresen vor dem Meister auf und rief: „So erfahre ich also, wieso du mich angelogen hast! Mein Rezept wolltest du stehlen und es als dein eigenes ausgeben! Schäm dich, Xander, schäm dich und bezahl deine Gemeinheit vor deinem Schöpfer!"

Doch statt die Fluchende aus seinem Laden zu werfen, sprang Xander eilig über den Tresen und landete neben ihr. „Josepha, endlich bist du da! Ich habe unseren Datschi bloß weiter gebacken, damit du den Weg zu mir zurückfindest und ich mich entschuldigen kann!" Josepha war viel zu verdutzt, um etwas zu erwidern, stattdessen fuhr Xander fort: „Schon als

du dich vor einem Jahr zu mir umgedreht hast, wollte ich am liebsten, dass du für immer bei mir bleibst. Deswegen wär' ich für dich auch wieder zum Lehrling geworden!"

Nun sank er vor ihr auf die Knie: „Seither will ich dich nur das eine fragen: Willst du meine Frau werden? Ich hab` auch die Hälfte für dich zur Seite gelegt wie's vereinbart war!" Wie konnte Josepha da anders? Zu Tränen gerührt umarmte sie ihren Xander, den sie ebenfalls ganz schrecklich vermisst hatte. Noch im selben Jahr wurde Hochzeit gefeiert.

Seither wird der Zwetschgendatschi in Augsburg mit besonders viel Liebe gebacken!

Damit dürfte hinreichend erklärt sein, warum Augsburg liebevoll auch „Datschiburg" genannt wird. Damals wie heute ist der Zwetschgendatschi eine echte Spezialität – jede Familie hat das allerbeste Geheimrezept – ob Hefe- oder Mürbeteig ist dabei eine echte Glaubensfrage, genau wie mit oder ohne Streusel!
Angeblich wurde der Datschi in Augsburg bereits im 18. Jahrhundert erfunden.
Märkte, auf denen frische Lebensmittel wie Zwetschgen, eine Unterart der Pflaume, verkauft wurden, gibt es in Augsburg bereits seit der Römerzeit. Im Mittelalter waren sie über das gesamte Stadtgebiet verteilt, je nach Viktualien, die angeboten wurden – es gab also zum Beispiel einen Obst- einen Fisch- und sogar einen Kesselmarkt. Die Straßennamen erinnern teilweise noch daran. 1925 kaufte die Stadt eine ehemalige Tabakfabrik und errichtete auf dem Areal einen zentralen Markt. Hier wären sich Josepha und Xander sehr viel leichter über den Weg gelaufen, um ihren ersten Datschi zu backen!

Warum der Kasperl nach Augsburg kam

Kasperl hockte irgendwo im Nirgendwo auf einem Stein und hatte den Kopf in beide Hände gestützt, weil er ihm so schwer geworden war. Nur noch seine lange Nase spitzte ein wenig zwischen den Fingern hervor. Seine einst kunterbunten Klamotten waren grau vom Staub. Die Klatsche lag neben ihm auf dem Boden und selbst der Zipfel seiner Zipfelmütze hing schlaff über seiner linken Schulter. Sein Freund Seppel lief schwer beladen mit einem Schubkarren vorbei und blieb schnaufend vor ihm stehen: „Du siehst aber traurig aus. Was ist los mit dir?“

Kasperl seufzte kellertief: „Sag bloß, das ist dir noch nicht aufgefallen? NIEMAND will uns sehen. KEINER will unsere Geschichten hören.“

Seppel legte die Stirn in Falten. „Dann müssen wir eben NIEMAND und KEINER finden. Ich habe nämlich absolut keine Lust mehr, mich mit dem schweren Karren zu plagen.“

„Eine ausgezeichnete Idee!“ Kasperl sprang auf und lief los.
„Du meinst jetzt gleich?“, rief Seppel ihm hinterher.
„Selbstredend, was hält dich noch hier?“
Seppel betrachtete die Schubkarre. „Nichts!“
Er ließ die Karre Karre sein und rannte seinem Freund hinterher.

Sie hatten gerade den Waldrand erreicht, als sie Schritte hinter sich hörten.
„Wartet auf mich!“
Kasperl und Seppel drehten sich um und rissen erschrocken die Augen auf: „Das, das – das ist das Krokodil!“, stotterte Seppel. „Der Drache“, hauchte Kasperl.

Das grünschuppige Tier blinzelte und fletschte die Zähne: „Bei Bedarf spiele ich beides. Aber ohne euch macht es keinen Sinn. Wer soll mich bändigen? Wer soll mir beibringen, die Kinder nicht zu erschrecken, wenn ihr nicht mehr hier seid?“
„Na gut, dann komm doch mit uns“, schlug Kasperle vor.
„Bist du verrückt geworden?“, raunte Seppel, „es wird uns fressen, sobald du deine Klatsche aus der Hand legst.“
„Werde ich nicht! Großes Drachen- und Krokodils-Ehrenwort!“, behauptete das Drachenkrokodil.
„Da hörst du es!“, sagte Kasperl.
„Du traust unserem ständigen Feind?“, staunte Seppel. „Und da behaupten immer alle, du wärst der Schlauere von uns beiden!“
„Wenn das so ist, dann suchen wir auch gleich noch ALLE“, lachte der Kasperl. „Die mag ich sehr!“

Die Suche war sowieso ein schönes Ziel. Die ersten Meilen pfiffen sie vor sich hin und waren so gut gelaunt wie schon lange nicht mehr. Da sie aber nach unzähligen Stunden Wanderung immer noch NIEMAND gefunden hatten, der ihre Geschichte hören wollte, ALLE sie ignoriert hatten und KEINER wenigstens ein Stückchen Brot für sie übrighatte, wurden ihnen die Schritte wieder schwer und die Gedanken verdrießlicher.

An einer Kreuzung sahen sie einen Kater, der ausgiebig seine Stiefel putzte. „Wozu braucht eine Katze denn bitteschön Schuhe?", wunderte sich Kasperl.

„Früher war JEMAND mit echten Lederstiefeln wie den meinen sehr angesehen und konnte sogar Minister werden", behauptete der Kater. „Heutzutage haben meine Sohlen leider Löcher und NIEMAND will mein Märchen hören."

„Wenn du auch NIEMAND suchst, komm doch mit uns", bot Kasperl an. „Einen Minister brauchen wir zwar nicht, aber einen neuen Freund nehmen wir gerne auf."

Der Kater schnurrte gerade seine Zustimmung, da ratterte eine Kutsche an ihnen vorbei. Oben auf dem Kutschbock saß nicht der Kutscher, sondern die Prinzessin höchstselbst und rief ihnen zu: „Oh bitte, bitte hilft mir denn JEMAND? Ich werde von einem Räuber ohne Namen verfolgt! Er will mir mein Pferd stehlen!"

„Vier sind doch JEMAND!", meinte Seppel, „also müssen wir der Prinzessin helfen!"
„Na, dann werden wir es dem Räuber eben zeigen", fand auch der Kasperl und schwang testweise seine Klatsche durch die Luft.
„Ich wollte schon immer nach einem Räuber schnappen, statt selbst geschnappt zu werden!", bekräftigte das Drachenkrokodil.
„Räuber lieben schöne Dinge", behauptete der Kater. „Wir lassen einfach meine Stiefel hier stehen und sobald er sich bückt, um sie anzuprobieren, können wir ihn überwältigen."

Sie legten sich am Wegesrand auf die Lauer. Lange mussten sie nicht warten, da kam der Räuber ohne Namen schon ziemlich atemlos angerannt. Als er die Stiefel sah, hielt er sofort an: „Hoho, wenn das die Siebenmeilenstiefel sind, hol ich die Prinzessin und ihren Gaul noch vor dem Abendessen ein!"

Er setzte sich auf den Hosenboden und versuchte seine schmutzigen Zehen in den Stiefelschacht zu stecken. Das gelang ihm trotz aller Mühe nicht, waren die Stiefel doch für zarte Pfoten und nicht für einen Räuberfuß gemacht.

Genau darauf hatten die Freunde spekuliert, sie stürmten aus ihrem Versteck. Der Kasperl mit seiner Klatsche voran, das Drachenkrokodil mit den Zähnen klappernd gleich hinterher. Vor Schreck blieb der Räuber mit dem großen Zeh und beiden Händen im Stiefel stecken. Seppel musste laut lachen: „Und sowas will ein gefährlicher Räuber sein? Der kann sich nicht einmal richtig anziehen!“

„Wir werden ein bisschen nachhelfen“, erkannte Kasperl. „Und dann bringen wir ihn fertig verschnürt zum Wachtmeister.“

Sie befreiten den namenlosen Räuber aus dem Stiefel, zogen ihm stattdessen die Hemdsärmel und die Hosenbeine lang und verknoteten alles miteinander. Blieb nur noch das Problem, wie sie das bauchige Räuberpäckchen transportieren sollten. Zum Glück rollte in dem Moment wieder eine Kutsche an. Die Prinzessin war zurückgekehrt und hatte den Wachtmeister gleich mitgebracht.

„Ihr seid die Besten! Wie können wir euch dafür danken, dass ihr den Räuber dingfest gemacht habt?“

„Ach, wenn ihr uns vielleicht ein Stückchen in eurer Kutsche mitnehmen würdet, bis wir NIEMAND gefunden haben und KEINER endlich unsere Geschichten hören will?“, bat Kasperl.

„Oh, ich weiß genau den richtigen Ort für euch!“, jubilierte die Prinzessin. „In der nächsten Stadt soll es einen Märchenerzähler geben, der noch Puppenspieler für sein Theater sucht. Mit dem mache ich euch bekannt!”

Und so kamen Kasperl, jetzt wieder mit fröhlicher Zipfelmütze, Seppel, ganz ohne Schubkarre, das Drachenkrokodil mit allen Zähnen, der Kater mit den Stiefeln, die Prinzessin und der Wachtmeister nach Augsburg.

Endlich, endlich, endlich versammelten sich wieder ALLE, um ihre spannenden Abenteuer zu hören! Sogar der Räuber war zufrieden, weil er nicht mehr allzu weit zu Fuß laufen musste.

In Augschburg sagt man übrigens „Kaschberl(e)“ zum Kasperl. Dort gibt es das wahrscheinlich berühmteste Marionettentheater der Welt, die Augsburger Puppenkiste. Sie befindet sich im historischen Heilig-Geist-Spital in der Augsburger Altstadt und begeistert seit 1948 mit wundervollen Märchenspielen und zeitlosen Geschichten.

So zeigen die liebevoll gestalteten Holzpuppen immer wieder aufs Neue, dass wundervolle Geschichten auch auf einer kleinen Puppenbühne Kinder- und Erwachsenenaugen zum Leuchten bringen können.

Im dazugehörigen Museum treffen die Besucher nicht nur den Kasperl und seine Freunde, sondern auch andere schöne Kindheitserinnerungen.

Augsburger Märchen